DIE 100 FURCHTERREGENDSTEN DINGE DER WELT

arsEdition

Titel der Originalausgabe: 100 Scariest Things On The Planet

Herausgeber: James Ashton-Tyler
Redaktionsleiter: Sorrel Wood
Design: Tim Scrivens, Ali Scrivens
Lektorat: Emily Collins
Herstellung: Nikki Ingram

Printed and bound in China CC072025

Aus dem Englischen von Ute Löwenberg

ISBN 978-3-8458-6095-4

www.arsedition.de

FSC www.fsc.org
MIX
Papier | Fördert gute Waldnutzung
FSC® C008047

Anna Claybourne

Die 100 furchterregendsten Dinge der Welt

arsEdition

Inhaltsverzeichnis

Einführung

Was ist Angst? Auf jeden Fall ein Gefühl, das alle kennen. Da hören die Gemeinsamkeiten aber auch schon auf. Während den einen der Anblick einer Spinne in Panik versetzt, wird der andere vor Angst fast ohnmächtig, wenn er sich irgendwo hoch oben befindet.

Furchtskala

Es gibt viele Arten, Furcht zu erleben: Sie kann grauenhaft sein, dich krank machen oder dir den Magen umdrehen, aber sie kann auch prickelnd und aufregend sein. Warum sonst fahren Menschen in wilden Karussells oder gucken mit Begeisterung Horrorfilme? Ohne Konsequenzen fürchten zu müssen, werden wir dabei nämlich mit unseren Ängsten konfrontiert.

Angriff oder Flucht

Das Empfinden von Furcht ist nützlich, denn es bereitet uns in gefährlichen Situationen darauf vor zu handeln – entweder mit Flucht oder mit Angriff. Angst lässt das Herz schneller schlagen, der Atem geht rascher und möglicherweise beginnt man zu schwitzen.

Die Funktion von Angst

All diese Reaktionen bereiten deinen Körper darauf vor, schnell wegzurennen oder zu kämpfen, falls es nötig sein wird. Die höhere Atem- und Herzfrequenz schickt mehr Sauerstoff in die Zellen, sodass deine Muskeln aktionsbereit sind. Auch leichte Schweißhände sind nützlich: Im Kampf oder beim Klettern geben sie dir besseren Halt.

Warnung

Vieles, das du in diesem Buch liest, ist beängstigend – und das aus gutem Grund: Es ist sehr gefährlich! Extremsportler und Stuntleute sind – anders als du – ausgebildet und ausgestattet für die gefährlichen Dinge, die sie tun. Versuche also niemals irgendetwas Gefährliches aus diesem Buch nachzumachen!

Zwei BASE-Jumper springen furchtlos von einem Hochhaus in Schanghai (China) in die Tiefe.

Phobien

Eine Phobie ist eine intensive, extreme Angst, die in keinem Verhältnis zum tatsächlichen Risiko steht. Selbst wenn ein Phobiker sicher ist, verwandelt der Angstauslöser seine Beine in Wackelpudding. Er gerät in Panik, kreischt möglicherweise oder krampft sich völlig zusammen. Höhen-, Spinnen-, Mäuse-, Brücken- oder Aufzugphobien kommen oft vor. Es gibt aber auch seltene, merkwürdige Phobien wie Angst vor Bananen, Vögeln oder Bärten. Phobien sind schlimm, weil der Phobiker nie weiß, wann und wo ihm der Angstauslöser begegnen wird.

Angst-Faktor

😨 .... Leichte Angst

😨😨 .... Starke Beunruhigung

😨😨😨 .... Große Furcht

😨😨😨😨 .... Panikattacken

😨😨😨😨😨 .... Todesangst

Furchterregende Tiere und Naturgewalten

Den Naturgewalten ausgesetzt zu sein, wie z. B. bei einem Erdbeben, ist äußerst furchteinflößend. Aber auch viele Lebewesen können den Menschen in Angst und Schrecken versetzen. Stell dir zum Beispiel vor, in einen Schwarm aggressiver Bienen zu geraten.

Ameisen

Angst-Faktor

Von einer Armee beißender Ameisen überrannt werden – eine Horrorvorstellung!

Glaubst du, dass alle Erzählungen über Ameisen, in denen sie über Städte und Menschen herfallen, von Horrorfilm-Machern erfunden wurden? Da irrst du dich.

Ameisenarmee

Unter den Ameisen sind es die Wanderameisen (auch Treiber- oder Heeresameisen genannt), die auf Raubzüge gehen. Eine afrikanische Art lebt in Gruppen von bis zu 22 Millionen Ameisen. Auf Futtersuche durchkämmen sie in großen Kolonnen oder Schwärmen das Gebiet und marschieren über und durch alles, was auf dem Weg liegt: egal ob Dschungel oder Dorf.

Ameisenfutter – nein, danke!

Auf Raubzug kesseln die Wanderameisen andere Lebewesen ein und zerreißen sie, um sie zu fressen. Meist sind das kleine Tiere, andere Insekten oder Spinnen. Da sie aber über alles krabbeln, das auf ihrem Weg liegt, können Wanderameisen gefährlich sein. Deshalb gehen ihnen auch große Tiere aus dem Weg. Und so sollten es auch Menschen machen, wenn sie die Ameisen kommen sehen.

Nimm dich vor den großen und kräftigen Mundwerkzeugen der Wanderameisen in Acht.

Lebende Brücke

Über Spalten oder Teiche gelangen Wanderameisen, indem sie aus ihren Körpern lebende Brücken formen.

Haie

Die Zähne des Tigerhais zählen zu den furchteinflößendsten überhaupt.

Angst-Faktor

Haie haben einen furchteinflößenden Ruf, die meisten sind aber nicht so gefährlich, wie von vielen Menschen befürchtet.

Für Schwimmer im Meer ist es eine grauenvolle Vorstellung, einem gigantischen Killerhai zu begegnen. Aber würde ein Hai dich überhaupt fressen?

Verdammt viele Zähne

Horrorfilme haben das Bild vom grausamen, menschenfressenden Hai geprägt. Tatsächlich sehen Haie mit ihren vielen rasiermesserscharfen Zähnen sehr furchteinflößend aus. Manchmal greifen sie auch tatsächlich Menschen an. 60 Hai-Angriffe und ca. 10 Tote gibt es weltweit pro Jahr.

Haifisch-Happen

In Wirklichkeit mögen Haie den Geschmack von Menschenfleisch gar nicht und vermeiden Begegnungen mit Menschen. Wenn sie angreifen, dann meist, weil sie einen Schwimmer mit einem ihrer Beutetiere wie Schildkröte oder Robbe verwechseln. Und dann nehmen sie nur einen Bissen und lassen dann ab.

Schon gewusst?

Von den über 400 Haiarten sind überhaupt nur wenige wie Weißer Hai, Tigerhai, Großer Hammerhai und Bullenhai groß und angriffslustig genug, Menschen zu fressen. Einige der größten Haie, darunter der Walhai, ernähren sich vorwiegend von Plankton und Kleinstlebewesen.

Spinnen

Viele Menschen haben solche Panik vor Spinnen, dass sie es nicht im gleichen Raum mit einer Spinne aushalten. Arachnophobie heißt diese Angst, die zu den häufigsten Phobien zählt.

Angst-Faktor

Die fleischfressenden Krabbeltiere sind immer und überall unsere Mitbewohner!

Ungefährlich?

Alle Spinnen sind Jäger, die ihre Beutetiere mit ihren Kieferklauen töten und fressen. Trotzdem sind die meisten winzig und völlig harmlos für Menschen. Nur der Giftbiss einiger Arten – wie Schwarze Witwe, Sydney-Trichternetzspinne, Brasilianische Wanderspinne – kann auch für Menschen tödlich sein. Und selbst diese Bisse können im Krankenhaus behandelt werden, sodass der Patient gute Chancen hat zu überleben.

Festessen

In einigen Regionen der Welt wie in Teilen Kambodschas gelten Spinnen sogar als Delikatesse. Na dann, guten Appetit!

Warum die Angst?

Einige Wissenschaftler vermuten, dass wir über Generationen hinweg gelernt haben, dass manche Spinnen giftig sind, und deshalb instinktiv alle Spinnen fürchten. Auf die Frage, warum sie Angst vor Spinnen haben, führen die meisten aber die vielen krabbligen Beine und die Schnelligkeit an.

Vogelspinnen können nur flüssige Nahrung aufnehmen. Nach dem Töten saugen sie ihre Beute aus.

Ratten

Ratten sind doch ganz süß, oder? Warum finden wir sie dann so entsetzlich? Vor allem, weil wilde Ratten Schädlinge sind, die Krankheiten übertragen können.

Eklige Ratten

Eigentlich ist es logisch, dass wir Ratten ekelerregend finden. Sie knabbern Abfall an und leben in stinkenden Abwasserkanälen. Sie huschen in unsere Küchen, um Nahrung zu finden, und hinterlassen ihren Kot. Sie können bis zu 60 cm groß werden und außerdem beißen sie.

Clevere Kreaturen

Trotz alledem sind Ratten sehr schlaue Tiere. Sie können von dem leben, was wir übrig lassen, fressen fast alles und ähneln uns in vielerlei Hinsicht: Sie leben in Gruppen, spielen, kuscheln, kämpfen und verständigen sich mit Geräuschen.

Eine fette, braune Ratte, eine der größten und weitverbreitetsten Arten

Angst-Faktor

Eine Ratte zu entdecken, kann dir einen großen Schrecken einjagen.

Freund oder Feind?

Die meisten finden Ratten eklig, einige aber reagieren mit Panik. Eine Ratten- und Mausphobie nennt man Musophobie. Allerdings gibt es auch Menschen, die Ratten lieben und als Haustiere halten.

Schlangen

Der lang gestreckte, gleitende Körper, die gegabelte Zunge, die zischenden oder klappernden Geräusche können dir aufgerichtete Nackenhaare bescheren. Schlangen können nach vorne schnellen, um zuzubeißen – und viele von ihnen haben einen tödlichen Giftbiss.

Sinnvolle Angst

Wissenschaftler fanden heraus, dass Menschen, sogar Kinder und Babys, Schlangen in einer Bildserie sehr gut erkennen können. Sie glauben, dass diese über lange Zeiten erworbene Fähigkeit mittlerweile angeboren ist. Wo Giftschlangen häufig vorkommen, ist deren schnelle Wahrnehmung überlebensnotwenig.

Schlangenbiss

Die meisten Schlangen beißen nur, wenn sie angefasst werden, sich bedroht fühlen oder du versehentlich auf sie trittst. Selbst die Buschmeister-Schlange, die ihrer Beute auflauert, ist gegenüber Menschen nicht aggressiv.

Angst-Faktor

Schuppige, gleitende Schlangen erzeugen bei extrem vielen Menschen Angst.

Diese Natter stellt sich tot, um auf Beute zu lauern.

Schlange in Sicht?

Halte mindestens eine Schlangenlänge Abstand. Zügiger Rückzug ist angesagt, denn Schlangen können schnell angreifen.

Bienen und Wespen

Picknicks sind ein Riesenspaß, es sei denn, du wirst von Bienen oder Wespen umschwirrt, die du einfach nicht vertreiben kannst, egal wie wild du um dich schlägst. Hast du Angst, gestochen zu werden? Bleib cool: Ein Stich ist keine Katastrophe.

Warum stechen sie?

Bienen und Wespen leben in großen Gruppen, Schwärme genannt. Sie verteidigen sich gegenseitig und stechen, um ihre Schwarmmitglieder zu beschützen. Honigbienen sterben, wenn sie dich gestochen haben, weil ihr Stachel stecken bleibt. Deshalb stechen sie – anders als andere Bienen und Wespen, die ihren Stachel mehrfach benutzen können – nur im äußersten Notfall.

Die übelsten Stiche

Ein normaler Wespen- oder Bienenstich tut weh und erzeugt eine Schwellung – aber nicht für lange. Die bis zu 5 cm große Wegwespe Tarantulafalke und die Asiatische Riesenhornisse sind viel furchteinflößender. Ein Tarantulafalkenstich gilt als einer der schmerzhaftesten Insektenstiche überhaupt und der der Asiatischen Riesenhornisse als einer der giftigsten.

Angst-Faktor

😨 😨

Bleib ruhig, dann brummen sie davon.

Dieser Schwarm Honigbienen lässt nicht von seinem Opfer ab.

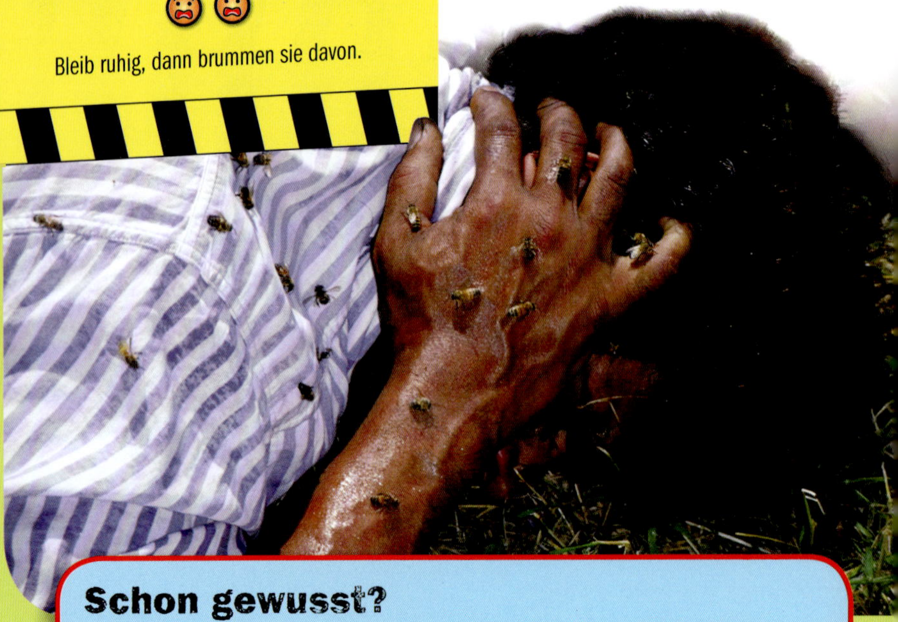

Schon gewusst?

Einige amerikanische Honigbienenkreuzungen – Killerbienen genannt – sind extrem angriffslustig. Wenn sie dich im Schwarm stechen, kann das tödlich sein.

Vulkanologie

Vulkanologen müssen ihren Forschungsgegenstand nicht nur im Labor und Büro studieren, sondern auch vor Ort. Das bedeutet den Besuch aktiver Vulkane, wo sie gelegentlich rot glühender Lava ausweichen müssen.

Beängstigende Vulkane

Nicht nur ihre Ausbrüche machen Vulkane furchterregend. Auch andere Gefahren gehen von ihnen aus: Vulkanische Asche vermischt sich mit Wasser zu schnell fließenden Schlammlawinen oder von Vulkanaktivität ausgelöste Erdrutsche ins Meer lösen Tsunamis aus.

Nichts wie weg hier!

Zum Glück wissen Vulkanologen viel über Vulkane und können vorhersagen, wann sie ausbrechen werden. Manche, wie der Kilauea auf Hawaii, brechen so vorhersehbar aus, dass man der Lava gut ausweichen kann. Andere, wie der sizilianische Ätna, sind heftiger und unberechenbarer und bespucken Vulkanologen hin und wieder mit einem Felshagel. Aua! Ein überraschender Ausbruch des japanischen Unzen tötete 1991 neben 40 anderen Menschen auch drei Vulkanologen.

Angst-Faktor

😨 😨

Ihre Arbeit macht Vulkanologen meistens Spaß und ist nur selten tödlich.

Dieser Vulkanologe riskiert einiges für eine Lava-Probe.

Vulkanausbruch

Wir Menschen leben in der Vorstellung, unseren Planeten zu beherrschen. Wenn du aber einen Vulkanausbruch beobachtest, merkst du, dass es unkontrollierbare Gewalten gibt. Vulkanausbrüche gehören zu den gewaltigsten und furchterregendsten Naturspektakeln.

Angst-Faktor

Vulkane haben jede Menge Furchterregendes zum Herausschleudern.

Flüssige Lava

Vor einem Ausbruch baut sich im Inneren der Erde Druck auf, bis der Vulkan Lava herausschleudert. Lava ist zähflüssiges, glühendes Gestein, das durch die enorme Hitze im Erdinneren geschmolzen ist. Lava ist zwischen 700 und 1200 Grad Celsius heiß – fünfmal so heiß wie der heißeste Küchenofen. Pflanzen brennen, wenn Lava vorbeifließt, das Wasser von Seen und Flüssen kocht. Halte dich also fern, wenn du nicht zu einem knusprigen Häufchen verbrannt werden willst.

Asche und Bomben

Bei einem Vulkanausbruch werden sowohl Blöcke aus solidem Stein als auch sogenannte Bomben (an der Luft ausgekühlte und ausgehärtete Riesenlavatropfen) herausgeschleudert, zudem brennende, heiße Gase und erstickende Asche. Manchmal vereinen sich all diese Elemente zu einem schnell fließenden sogenannten pyroklastischen Strom: die beängstigendste Form eines Vulkanausbruchs.

Der aktive Vulkan Ätna (Italien) bricht aus.

Erdbeben

Der Boden, auf dem wir stehen, scheint fest, solide und sicher zu sein, was hat er also in diesem Buch zu suchen? Er ist es eben nicht immer, sondern kann zittern, beben, sich schütteln und sogar aufreißen.

Zittern und schütteln

Es ist ein Horror, wenn sich die Erde unter deinen Füßen bewegt. Bei kleineren Beben fallen vielleicht nur Gegenstände aus den Regalen und Fenster zersplittern. Stärkere Beben verursachen viel gravierendere Schäden. Gebäude und Brücken stürzen ein, es öffnen sich große Spalten im Boden. Manchmal kommt es in der Folge auch zu weiteren Katastrophen wie Erdrutschen, Fluten und Tsunamis.

Erdkruste

Der Gedanke, dass der feste Grund, auf dem wir gehen, sich bewegt, ist gruselig. Die Erdoberfläche (Erdkruste) besteht aus soliden Gesteinsplatten, die auf dem flüssigen Gestein im Erdinneren (Magma) treiben. Stoßen diese Platten zusammen und schieben sich gegeneinander, bebt die Erde. Halte dich gut fest!

Die erschreckenden Auswirkungen eines Erdbebens in Kalifornien, USA

Angst-Faktor

Vielleicht zittert nur dein Haus – oder der Boden darunter reißt auf!

Tiere warnen

Hunde, Katzen und andere Tiere scheinen manchmal zu spüren, wenn ein Erdbeben bevorsteht. Sie werden unruhig und nervös oder rennen davon.

Tsunami

Zu einem Tsunami kommt es, wenn das Meer von einem Erdbeben oder Vulkanausbruch in Bewegung gesetzt wird. Wellen breiten sich aus und werden zu riesigen Brechern, die auf die Küsten krachen.

Rollende Wellen

Das Merkwürdige an Tsunamis ist, dass sie auf dem offenen Meer nach nichts aussehen. Die Welle bewegt sich schnell vorwärts, ist aber flach und breit. Auf einem Boot würde man sie zu diesem Zeitpunkt vielleicht nicht einmal merken. Erst im seichteren Wasser an den Küsten verlangsamt sich die Welle, und das Wasser, das sie transportiert, staut sich und baut sich turmhoch auf.

Wie hoch?

Tsunamiwellen treffen für gewöhnlich bis zu 10 Meter hoch auf die Küste, einige sogar noch höher. Schon kleinere sind verheerend, denn sie überfluten Land, können Häuser zerschmettern und Menschen mit sich reißen.

Eine furchterregende riesige Welle kurz vor der Küste

Tsunamiwarnung

Forscher arbeiten an besseren Frühwarnsystemen. Tsunamis werden auf dem Meer aufgespürt, um vorherzusagen, wo sie auf Land treffen.

Angst-Faktor

Diese riesigen Wassermauern verbreiten Angst und Schrecken.

Ein Tsunami richtete diese Zerstörung in Hilo auf Hawaii, USA, an.

Riesenwelle

Jahrhundertelang berichteten Seeleute von Riesenwellen, die aus dem Nichts auftauchten und Schiffe mit ihrer Besatzung in die Tiefe rissen. Man hielt das lange für Seemannsgarn und glaubte, diese Monsterwellen entsprängen genauso der Fantasie wie Seeungeheuer. Heute ist ihre Existenz bewiesen.

Haushoch

Riesenwellen sind gigantische, bis zu 30 Meter hohe Wellen – vergleichbar einem zwölfstöckigen Haus. Sie sind so fürchterlich, weil sie unvorhersehbar aus dem Nichts auftauchen, die Wellen um sie herum weit überragen, sogar eine andere Richtung haben können und die Schiffsbesatzungen völlig überrumpeln.

Der Welle trotzen

Da sie so schwer vorhersehbar sind, bemerken Seeleute Riesenwellen erst, wenn sie unmittelbar vor ihnen auftauchen – und Todesangst verbreiten. Zuerst kann das Schiff in das Wellental vor der Welle geraten, was sie noch höher erscheinen lässt, um dann nach oben gerissen zu werden, sich zu überschlagen oder dagegenzukrachen. Manchmal wird das Schiff dabei zerschmettert.

Ein Schiff kämpft im Film »Der Sturm« gegen eine Riesenwelle.

Warum hier?

Forscher sind nicht sicher, wie Riesenwellen entstehen, aber an manchen Stellen gibt es sie häufiger.

Angst-Faktor

Sie kommen aus dem Nichts – ohne Vorwarnung!

Sturzflut

Eine Sturzflut kommt unvermittelt und kann dich aus dem Nichts treffen – auch wenn es gar nicht regnet.

Schock im Sommer

Meist kommt es in großer Hitze nach Gewitter und schweren Regenfällen im Sommer zu Sturzfluten. Speziell in Gebirgen füllen sich nach heftigen Regengüssen die vorher nahezu ausgetrockneten Betten von Flüssen und Bächen plötzlich mit Wasser, das mit großer Gewalt abwärtsströmt und alles mit sich reißen kann.

Angst-Faktor

Sturzfluten sind reißend und lassen kaum Zeit für Flucht.

Ein Albtraum

Stell dir vor, du schwimmst in einem seichten Fluss oder gehst in deinem Ferienort spazieren. Auf einmal hörst du hinter dir einen schrecklichen Lärm. Beim Umdrehen siehst du eine reißende Wassermasse – höher als du selbst und schneller, als du rennen kannst – auf dich zukommen.

Im Januar 2011 überwälzte eine Sturzflut eine belebte Straße in Toowomba (Australien).

Mehr Masse

Schlimmste Sturzfluten ereignen sich nach Deichbrüchen oder bei der Schneeschmelze nach Vulkanausbrüchen, wenn riesige Wassermassen entfesselt werden.

Lawine

Wahrscheinlich ist Schnee für dich ein herrlicher Spaß aus weichen Flocken, bedeutet er doch Skilaufen, Schneeballschlachten und Schneemänner. Das stimmt ja auch – solange der Schnee dich nicht als Lawine trifft. Dann wird aus dem Spaß lebensgefährlicher Ernst, der jeden Verschütteten dem Tod ins Auge blicken lässt.

Lawinengefahr

Der gefallene Schnee in Gebirgen sammelt sich in Schichten. Schnee ist in der Masse sehr schwer, und bei neuem Schneefall kann es sein, dass so eine Schicht unter dem Gewicht des Neuschnees zusammenbricht und das Ganze mit bis zu 130 km/h talwärts rutscht.

Verschüttet!

Lawinen können Skifahrer, Wanderer und Snowboarder überraschend treffen. Wenn du verschüttet wirst, aber das Glück hast, ein bisschen Freiraum um dich herum zu haben, kannst du atmen! Doch bald schon wird die Luft knapp und die Kälte unerträglich.

Angst-Faktor

Schnee ist schön – aber nur wenn du nicht unter ihm begraben bist.

Eine Lawine geht am Berg K2 in Pakistan nieder.

Dachlawine

Auch in Städten kannst du unter Schneemassen begraben werden, wenn nach heftigem Schneefall die Schneedecke auf den Dächern zu dick wird oder zu tauen beginnt und ins Rutschen kommt.

Meteorit

Als Meteoriten bezeichnet man einen festen Körper aus dem Weltall, sobald er die Erdatmosphäre durchquert hat und auf der Erde einschlägt. Das kann ein Staubkorn sein, ein Stück Gestein (Meteorit genannt, solange es im All ist) oder ein großer Asteroid.

Ausgebrannt

Viele der Gesteinsbrocken, die im All schweben, werden irgendwann von der Anziehungskraft der Erde erfasst. Trotzdem schlagen die meisten nie auf. Denn beim Fall durch die Erdatmosphäre heizt sie der Luftwiderstand so auf, dass sie verbrennen. Dann kannst du sie als Sternschnuppen am nächtlichen Himmel sehen.

Angst-Faktor

Ein Meteorit könnte dich zermalmen!
Aber keine Sorge – sie sind sehr selten.

Aus dem Weg!

Einige kleine Gesteinsbrocken schaffen den Weg zur Erde mit bis zu 50 000 km/h. Das könnte dich in Angst und Schrecken versetzen, wenn es nicht so selten vorkäme. Der größte Teil der Erdoberfläche ist von Meer bedeckt und unbewohnt, sodass eigentlich nie Menschen gefährdet sind. Viel erschreckender ist der Gedanke, ein Asteroid, also ein wirklich großer Gesteinsbrocken, könnte die Erde treffen und ganze Städte auslöschen, Tsunamis auslösen und das Sonnenlicht durch die entstehende Staubwolke verdunkeln.

So könnte ein Meteorit auf seinem Weg zur Erde aussehen.

Treffer!

Einige Menschen haben Meteoritentreffer überlebt. 2009 wurde ein Junge in Deutschland an der Hand getroffen, und ein 51-jähriger Engländer erhielt 2010 als Zuschauer eines Kricket-Spiels einen Schlag in die Brust, nachdem ein Meteorit vom Boden abgeprallt war.

Waldbrand

Feuer ist für den Menschen äußerst nützlich, aber es verbreitet Angst und Schrecken, wenn es außer Kontrolle gerät. Ein Haus, das Feuer fängt, ist schlimm genug. Umso furchteinflößender sind Waldbrände. Sie können ganze Regionen zerstören und sogar Städte gefährden.

Brandursache

Wald- und Buschbrände entstehen, wenn Gras, Buschwerk oder Bäume Feuer fangen, besonders nach Hitzeperioden ohne Regen. Australien und Kalifornien (USA) sind deshalb oft betroffen. Der Funke, der den Brand verursacht, kann von Blitzeinschlag oder Vulkanaktivität herrühren. Die meisten Feuer entstehen aber ohne zusätzlichen Auslöser allein dadurch, dass sich Gras oder Holz zu stark erhitzt. Durch Wind angefacht, kann sich das Feuer rasch verbreiten.

Fliehen oder bleiben?

Wald- und Buschbrände in bewohnten Gegenden fordern nicht selten Menschenleben. Die Bewohner bleiben oft in ihren Häusern, doch auch das Bespritzen mit Wasser verhindert nicht immer, dass die Gebäude in Brand geraten.

Angst-Faktor

😨😨😨😨😨

Wer von einem Waldbrand eingeschlossen ist, steht Todesängste aus.

Ein Feuer wütet in Australien.

Fehlverhalten!

Weggeworfene Flaschen können als Brennglas wirken und ein Feuer entfachen. Außerdem sind oftmals Funken von Lagerfeuern Auslöser verheerender Brände.

Blizzard

Sanft fallender Schnee – zumal der erste im Winter – ist ein wunderbarer Anblick, der dich sofort ins Freie rennen lässt. Das ist bei einem Blizzard, also einem fürchterlichen Schneesturm mit extremem Schneefall und Wind aus allen Richtungen, sicher anders!

Wo bin ich?

Erschreckend ist, dass sich während eines Blizzards die Luft so dicht mit wirbelndem Schnee füllt, dass man schnell völlig die Orientierung verliert. Schon oft haben Menschen, die in unmittelbarer Nähe eines sicheren Ortes waren, nicht dorthin gefunden, weil sie keine Ahnung hatten, wo sie sich befanden.

Ganz weit draußen

Am schlimmsten treffen Blizzards Menschen, die hoch im Gebirge und in der Antarktis, der Region um den Südpol, unterwegs sind.

Tod im Schnee

Der Abenteurer Robert Scott starb mit seinem Team 1912 in der Antarktis auf dem Rückweg vom Südpol. Sie waren nur noch 18 Kilometer von einem rettenden Vorratslager entfernt, als ein Schneesturm die bereits völlig entkräfteten Männer zum Aufgeben zwang. Acht Monate später fand man ihre Leichen und Scotts Tagebuch.

Angst-Faktor

In einem Blizzard kannst du halb erfroren verloren gehen.

In Island kämpft sich dieser Jeep durch einen Schneesturm.

Eissturm

Eisstürme entstehen, wenn sehr kalter Regen und Temperaturen unter dem Gefrierpunkt zusammentreffen. Der Regen gefriert, wo er hinfällt, und bedeckt alles mit Eis. Straßen, Dächer und Bäume werden von einer dicken, schweren Eisschicht überzogen.

Grund zur Angst

Eis ist schwer, und zu viel davon bringt Bäume, Stromleitungen und Dächer zum Einstürzen. Vereiste Straßen sind gefährlich. Die Elektrizitätsversorgung und Telefonverbindungen brechen zusammen und viele Leute sind von der Außenwelt abgeschlossen.

Lebendige Kabel

Einer der furchteinflößendsten Anblicke während eines Eissturms kann ein heruntergerissenes Stromleitungskabel sein. Möglicherweise wirbelt und peitscht es herum und sprüht Funken. Renn so schnell du kannst weit weg – es besteht Lebensgefahr!

Angst-Faktor

Eisstürme können – so beängstigend sie sind – atemberaubend schön sein.

Tipp!

Stell dich während eines Eissturms lieber nicht unter einen Baum. Seine Äste oder ein dicker Eisbrocken könnten auf dich fallen.

Diese Leitung wurde 2006 in Nebraska (USA) von einem Eissturm zerstört.

Gewitter

Hast du dich auch schon mal während eines Gewitters unter einer Decke verkrochen und dir die Ohren zugehalten, wenn sich der Himmel unheimlich verdunkelt, Donner grollt und elektrische Blitze durch die Wolken schießen?

Elektrischer Strom

Zu einem Gewitter kommt es, wenn feuchte Luft hochsteigt und Gewitterwolken bildet. Die aufsteigenden Wassertropfen laden die Wolken elektrisch auf. Ein Blitz ist ein großer Funke, der zwischen der aufgeladenen Wolke und der Erde springt.

Blitz und Donner

Der Blitz ist der sichtbare Funke, der Donner das Geräusch, das beim Spannungsaustausch zwischen Wolke und Erde entsteht.

Ein Blitzschlag kann tödlich sein.

Angst-Faktor

Bei vielen Menschen lösen Blitz und Donner große Ängste aus.

Nehmt dies, Sterbliche!

Vor langer Zeit glaubten die Menschen, Blitz und Donner würden ihnen von den zornigen Göttern geschickt, um sie zu strafen.

Elmsfeuer

Elmsfeuer ist eine geheimnisvolle bläuliche Lichterscheinung, ähnlich einer großen Gasflamme. Während eines Gewitters kann es an etwas Hohem und Spitzem wie einem Schiffsmast auftreten. Die Seeleute vergangener Zeiten hielten es für ein übernatürliches, aber nicht furchterregendes Phänomen, das sie als gutes Omen deuteten.

Elektrik-Trick

Wie Blitze ist Elmsfeuer ein elektrisches Phänomen. Während eines Gewitters lädt sich der Schiffsmast (oder ein anderer hoch gelegener Punkt) elektrisch auf, bis der Ladungsunterschied zur umgebenden Luft sehr groß ist. Die Elektrizität verlässt dann die Mastspitze, fließt in die Luft und bringt sie zum Leuchten.

Gerettet!

Elmsfeuer treten meist am Ende eines Gewitters auf. Deshalb deuteten die Seeleute Elmsfeuer als Zeichen, ihre Gebete für die Beendigung des Sturms seien erhört worden.

Angst-Faktor

Elmsfeuer ist ein bisschen schaurig.

Elmsfeuer zeigt sich während eines Gewitters.

Feuerflügel

Du könntest Elmsfeuer an den Flügelspitzen deines Flugzeugs hoch in der Luft beobachten. Das kann ein Hinweis auf einen möglichen Blitzeinschlag sein. Aber keine Angst: Flugzeuge halten das normalerweise aus.

Kugelblitz

Kugelblitze entstehen für gewöhnlich während eines Gewitters, aber anders als Blitze können sie auch drinnen auftreten und dort sogar durch feste Gegenstände wie Türen oder Wände gehen. Sie wurden schon in Gebäuden, Schiffen und Flugzeugen gesichtet.

Feuerball

Beobachter von Kugelblitzen beschreiben sie als merkwürdige glühende Kugeln, die mitten in der Luft schweben oder gleiten. Sie können klein wie Tennis- oder größer als Wasserbälle (bis über 1 Meter) sein. Wissenschaftler sind sich einig, dass es sich um ein elektrisches Phänomen handelt, ohne zu wissen, wie es entsteht.

Zzzzisch!

Der Ball gleitet einige Momente herum, bevor er sich zischend totläuft. Meist wird niemand verletzt, lediglich einige Beobachter, die den Ball berührt oder weggeschubst haben, erlitten schlimme Verbrennungen.

Angst-Faktor

Kugelblitze sind unheimlich und können dich verletzen.

Dieses Foto hält einen unheimlichen Kugelblitz fest.

Nur Illusion?

Es gibt Forscher, die vermuteten, dass Kugelblitze gar nicht existieren, sondern eine Illusion seien. Gewitter ließen uns Punkte vor Augen sehen, wo gar keine vorhanden seien. Mittlerweile gibt es aber einige Fotos von Kugelblitzen.

Irrlicht

Irrlicht, Sumpflicht, Irrwisch oder Spöklicht (Spuklicht) werden bodennahe Lichterscheinungen genannt, die in sumpfigem Gebiet zu beobachten sind. Die kleinen, kurz aufflackernden Flämmchen wurden lange für Aberglauben gehalten und um sie ranken sich unzählige fantastische Geschichten und Legenden.

Gut oder böse?

In vielen Erzählungen werden die Irrlichter bösen Geistern zugeschrieben, die Wanderer immer tiefer ins Moor hineinlockten. Sie leuchteten auf, gaben vor, einen sicheren Weg zu zeigen, nur um zu verlöschen und woanders wieder aufzuleuchten, bis der Wanderer rettungslos im Moor feststeckte. Anderen Überlieferungen zufolge zeigten sie aber verborgene Schätze.

Es ist bis heute ungeklärt, wie Irrlichter wirklich entstehen. Wahrscheinlich sind es Gase, die sich durch das Verrotten von Pflanzen bilden und entzünden. Allerdings sagen viele Beobachter von Irrlichtern, Irrlichter seien nicht heiß. Zudem erklärt die Theorie nicht, warum Irrlichter sich bewegen. Sie bleiben also geheimnisvoll.

Ein Irrlicht leuchtet hell in einem Sumpfland.

Vergangenheit

In vergangenen Zeiten haben sehr viele Leute Irrlichter gesehen, deshalb gibt es so viele Geschichten über sie. Heute leben wenige Menschen in Mooren und Sümpfen.

Angst-Faktor

Ein unheimliches Licht in der Nacht!

Fischregen

Es klingt erfunden, aber es ist wirklich möglich, dass es Fische vom Himmel regnen kann. Durch die Jahrhunderte finden sich immer wieder Berichte darüber in vielen verschiedenen Ländern. Gefährlich ist so ein Fischregen nicht, aber ganz schön unheimlich, oder?

Fische vom Himmel

Berichte von Fischregen gab es bereits in der Antike. Vor fast 2000 Jahren erwähnten ihn der Römer Plinius der Ältere und der Grieche Athenaios. Im 19. Jahrhundert fiel Fischregen in vielen Teilen der USA, 1841 in Pennsylvania sogar mit Tintenfisch. Im Jahr 2000 ging ein großer Fischregen auf Ackerland in Äthiopien (Afrika) nieder.

Angst-Faktor

Gruselige Vorstellung, dass dir ein dicker Fisch auf den Kopf klatscht!

Wie kommt das?

Unglaublich, aber wahr: Es gibt eine wissenschaftliche Erklärung für Fischregen. Die Fische werden von einer Wasserhose – das ist ein tornadoartiger Sturm über Wasser – aus dem Meer oder Fluss hochgesaugt und über einige Entfernung durch die Luft getragen, bevor sie wie Regen wieder zu Boden fallen.

Auch mit Schlangen

Nicht nur Fische können vom Himmel regnen. Es gibt aus aller Welt auch Berichte von Fröschen, Eidechsen, Schlangen und merkwürdigem Glibber.

Fische überall auf dem Boden nach einem etwas unheimlichen Schauer

Blutregen

Wenn blutroter Regen vom Himmel fällt, ist es nicht verwunderlich, dass die Menschen beunruhigt sind. Das passiert schon seit Jahrhunderten. Früher hat man Blutregen als böses Omen, als Warnung der Götter, dass etwas Fürchterliches bevorsteht, gedeutet.

Wie rot ist er?

Manchmal ist Blutregen kräftig rot wie Blut, oft aber auch schwach rötlich oder bräunlich. Der bekannteste Blutregen der Gegenwart ging 2001 in Kerala, einem Gebiet in Indien, nieder. Er fiel zwei Monate lang und färbte Pflanzen und Kleider rosa.

Erklärungen

Wie kommt es zu rotem Regen? Eine Erklärung besagt, dass sich das Regenwasser mit Wüstensand oder Meteoritenpartikeln mischt. Tests haben aber ergeben, dass der Regen mit etwas vermischt ist, das wie winzige rote Zellen aussieht. Einige Experten vermuten, dass es sich um eine Alge handelt, können aber nicht erklären, wie sie in die Luft kommt.

Angst-Faktor

Niemand will von blutrotem Regen überrascht werden.

Ein solcher rötlicher Regen kann deine Kleidung rosa färben.

Regen aus dem All

Manche Experten glauben, Blutregen enthalte Bakterien, die von einem Kometen auf die Erde gebracht wurden.

Sonnenfinsternis

Es ist der Mittag eines warmen, sonnigen Tages. Plötzlich passiert etwas Merkwürdiges: Es wird langsam dunkel. Keine Wolke verdunkelt die Sonne, sie geht vielmehr einfach aus. Langsam verschwindet immer mehr von ihr, bis du – mittags! – die Sterne sehen kannst.

Böses Zeichen

Kein Wunder, dass die früheren Menschen das beängstigend fanden. Alles Leben, alles Wachstum hängt vom Licht der Sonne ab – früher wie heute. Glücklicherweise dauern Sonnenfinsternisse nicht lange und die Sonne erscheint wieder. Dennoch deuteten die Menschen dies wie viele andere Naturphänomene als Zeichen drohenden Unheils.

Was passiert?

Zu einer Sonnenfinsternis kommt es, wenn sich der Mond zwischen Sonne und Erde schiebt. Er hat genau die richtige Größe, um die Sonne zu verdecken. (Natürlich ist er viel kleiner, dafür aber näher zur Erde, weshalb er gleichgroß wirkt.) Die Sonne sieht schwarz aus, hat aber einen leuchtenden Kranz (Korona).

Angst-Faktor

Wenn du nicht weißt, was passiert, ist das scheinbare Verschwinden der Sonne sehr beängstigend.

Astronomie

Schon in der Antike fanden Astronomen den wahren Grund von Sonnenfinsternissen heraus und konnten die nächste vorhersagen.

Red Sprites und Blue Jets

Red Sprites und Blue Jets, das hört sich nach Science-Fiction an – und sieht auch so aus. Ein Red Sprite (deutsch: Roter Kobold) ist ein gewaltiger, quallenförmiger roter Blitz in großer Höhe. Ein Blue Jet ist ein blauer, sich nach oben vergrößernder Blitz. Diese Erscheinungen kann man mit einem Teleskop oder von Flugzeugen und Weltraumfahrzeugen aus beobachten.

Außerirdische?

Diese außerirdischen Blitze können für fliegende Untertassen oder Raketen gehalten werden – sind es aber keinesfalls. Sie dauern nur sehr kurz – manchmal weniger als eine Sekunde – und sind definitiv Licht-Phänomene.

Wie entstehen sie?

Red Sprites und Blue Jets entstehen oberhalb von Gewittern aufgrund von elektrischer Energie und sie sind mit Blitzschlag gekoppelt. Tatsächlich sind sie eine Art Blitze.

Angst-Faktor

Ein sonderbares Phänomen – aber so hoch oben, dass wir es kaum sehen.

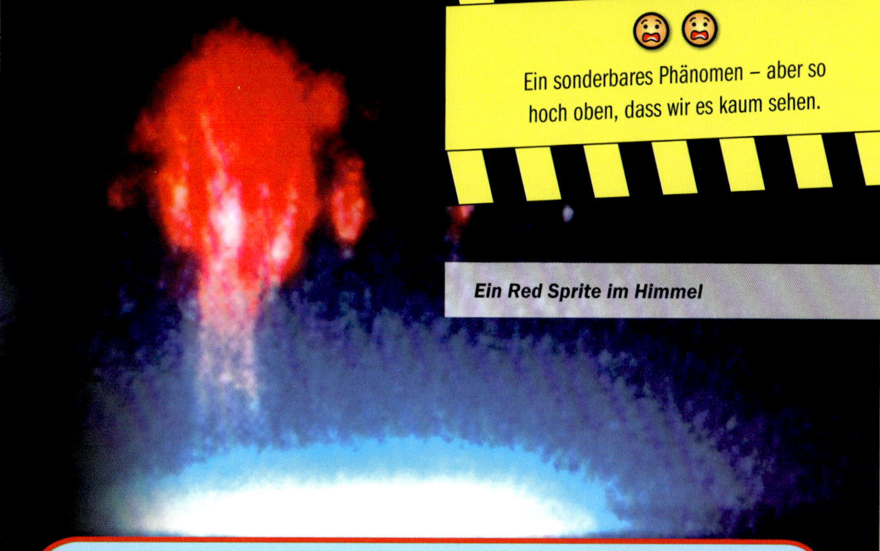

Ein Red Sprite im Himmel

Tipp!

Du kannst Red Sprites und Blue Jets vom Boden aus sehen, wenn du einen Ort wählst, von dem aus du sehr weit gucken kannst und gute Sicht auf ein weit entferntes Gewitter hast. Schau hoch über das Gewitter.

Riesenhagel

Bei Hagelschauern fallen normalerweise erbsengroße Eiskugeln, die dir am Kopf durchaus wehtun können. Stell dir vor, wie es erst in einem Schauer von golfballgroßen Hagelkörnern ist!

Horrorhagel

In Bayern wurden 2023 bei einem schweren Hagelschauer Rehe, Hühner, Enten und Störche getötet. Die Hagelkörner, so groß wie Tennisbälle, beschädigten auch Häuser und Autos.

Angst-Faktor

Ohne Schutz in einem Riesenhagelschauer – eine grauenhafte Vorstellung!

Eisschichten

Hagelkörner entstehen normalerweise in Gewitterwolken, wo Wasser um ein winziges Partikel wie einem Staubkorn herum gefriert. Beim Herumhüpfen in der Wolke lagern sich um das Körnchen immer mehr Eisschichten ab und lassen es immer größer werden. Es gibt Hagelkörner mit bis zu 5–10 cm Durchmesser. Die größten bestehen oftmals aus mehreren zusammengeklumpten Körnern.

Diese Kraterlandschaft war mal eine Kühlerhaube.

In Deckung!

Solltest du jemals in einen Riesenhagelsturm kommen, flüchte nach drinnen, suche dir ein Haltestellenhäuschen oder krieche unter die nächste Parkbank.

Sandsturm

Zu Sandstürmen kommt es in trockenen, sandigen Gegenden, wenn lang anhaltender, starker Wind weht. Zu Beginn des Sturms werden Sandkörner über den Boden geweht, die beim Herumhüpfen noch mehr Sandkörner vom Grund lösen. Die kleineren Partikel werden hoch in die Luft geschleudert, die größeren wirbeln in Bodennähe.

Sandwalze

Sobald der Sandsturm losgeht, wird eine große Masse bewegter Sand über Land geblasen. Der Sturm kann 1,6 km breit und 97 km/h schnell sein. So eine große Sandwalze auf dich zukommen zu sehen, versetzt dich in Angst und Schrecken – flüchte schnell an einen sicheren Ort!

Schlechte Sicht

Während eines Sandsturms ist die Luft so voll Sand, dass Atmen fast unmöglich ist, Autos und Häuser unter Sand verschüttet werden und die Sicht stark eingeschränkt ist. Autounfälle passieren und Flughäfen müssen schließen.

Angst-Faktor

Einen Sandsturm herannahen zu sehen, ist wirklich beängstigend.

Ein bedrohlicher Sandsturm wütet in der Wüste von Eritrea (Afrika).

Weit verbreitet

In China, Nordafrika und dem Nahen Osten gibt es häufig Sandstürme. Genauso aber kommt es in den USA und anderen Ländern mit Wüsten dazu.

Furchterregende Orte und Reiseziele

Es gibt einiges zu entdecken in Spukschlössern und schaurigen, dunklen Höhlen! Oder stell dir vor, dein Schulweg führte dich über eine wackelige Hängebrücke. Schaffst du es, über dem Grand Canyon zu stehen und nach unten zu schauen?

Cliffs of Moher

Diese Klippen im Westen Irlands an der Atlantikküste sind gigantisch. Sie erstrecken sich fast 8 km an der Küste entlang, wobei sie an ihrer höchsten Stelle hochhaushohe 210 m erreichen. Das Ungewöhnliche an ihnen ist aber auch, dass sie an vielen Stellen steil vertikal abfallen.

Nicht runtergucken!

Die Cliffs of Moher sind eine große Touristenattraktion mit Tausenden von Besuchern jedes Jahr. Es gibt einen Klippenwanderweg mit einer atemberaubenden Aussicht. Viele Touristen befolgen leider die Sicherheitshinweise nicht und gehen unsichere Wege zu nah am Klippenrand trotz teilweise extrem starker Winde. Am Rand können sich Felsen lösen.

Aussichtsturm

Schon immer sind Besucher zu den Klippen geströmt. Seit 1835 steht an den Klippen ein Aussichtsturm, der O'Brians Tower, von dem aus die Aussicht über die Klippenlandschaft noch beeindruckender ist.

Angst-Faktor

Diese atemberaubende Steilküste verwandelt deine Knie in Pudding.

Zwei Touristen wagen auf dem Bauch liegend den Blick nach unten.

Yungas-Straße

Kannst du dir vorstellen, eine nur 3 m breite Straße ohne Leitplanken an einem Steilabhang entlangzufahren? Zudem ist die Straße matschig und morastig und an der Steilkante lösen sich ständig Felsen. Wer vom Weg abkommt, stürzt in eine 900 m tiefe Schlucht!

Straße des Todes

Diese Straße ist keine Erfindung, es gibt sie tatsächlich. In Bolivien in Südamerika schlängelt sie sich an senkrecht abfallenden Steilklippen ca. 70 km von der Hauptstadt La Paz in die Stadt Coroico in der Yungas-Region entlang. Die Bolivianer nennen sie »El camino de la muerte«, Straße des Todes, und tatsächlich gilt sie als die gefährlichste Straße der Welt.

Angst-Faktor

Kein guter Ort, um die Kontrolle über das Fahrzeug zu verlieren.

Lebensgefährlich

Zehntausende verunglückten auf dieser gefährlichen Strecke, und auch der schlimmste Verkehrsunfall Boliviens ereignete sich hier: Im Juli 1983 stürzte ein Bus in die Schlucht und dabei starben 100 Menschen.

Ausweichstrecke

2006 wurde eine Ausweichstraße fertiggestellt, um die schlimmsten Stellen der Todesstraße zu umgehen. Trotzdem benutzen Fahrer die alte Strecke als Abkürzung und Touristen als gruselige Herausforderung.

Guoliang-Tunnel

Bis 1972 konnte man das winzige chinesische Dorf Guoliang nur über eine Himmelsleiter genannte Treppe erreichen, die in die Steine gehauen war. In fünf Jahren haben die Dorfbewohner dann eine Tunnelstraße von knapp einem Kilometer in den Fels gehauen.

Angst-Faktor

Eine beängstigende Straße für alle, die sich am Klippenrand nicht so wohlfühlen.

Licht und Schatten

An manchen Stellen ist die Klippenstraße extrem furchterregend, aber gleichzeitig auch atemberaubend. Durch die in den Stein gehauenen Fenster ergibt sich ein Spiel aus Licht und Schatten. Der Blick ist spektakulär.

Touristenattraktion

Durch den Tunnel ist Guoliang jetzt nicht nur zur besseren Versorgung mit der Außenwelt verbunden, auch Tausende Touristen finden nun jedes Jahr den Weg, um den Tunnel und das alte Städtchen zu besichtigen.

Welt aus Stein

Weil Guoliang im Gebirge so lange von der Außenwelt abgeschnitten war, benutzten die Bewohner Stein zur Herstellung vieler Gegenstände. So stellten sie zum Beispiel Steinmöbel her.

Die Guoliang-Tunnelstraße führt durch den Steilhang.

Trollstigen

Trollstigen heißt übersetzt »Troll-Leiter« und ist der Name einer Straße, die sich in steilen Haarnadelkurven durch die Berge Norwegens schlängelt. Viele Autos, Lkw und Busse benutzen diese Straße, die außergewöhnliche Ausblicke bereithält, trotz ihrer schwindelerregenden Abgründe.

Hochklettern

An manchen Stellen ist die Straße so eng, dass große Fahrzeuge sich aneinander vorbeiquetschen müssen. Wenn du oben angekommen bist, kannst du auf einem Parkplatz anhalten und den fantastischen Blick auf die Windungen der Straße genießen.

Was haben Trolle damit zu tun?

In der norwegischen Überlieferung bewohnen hässliche, zwergenhafte Trolle die Berge. Es gibt deshalb in Norwegen noch andere nach Trollen benannte Orte, zum Beispiel Trollveggen, einen Steilhang. Natürlich gibt's die gruseligen Trolle nicht wirklich.

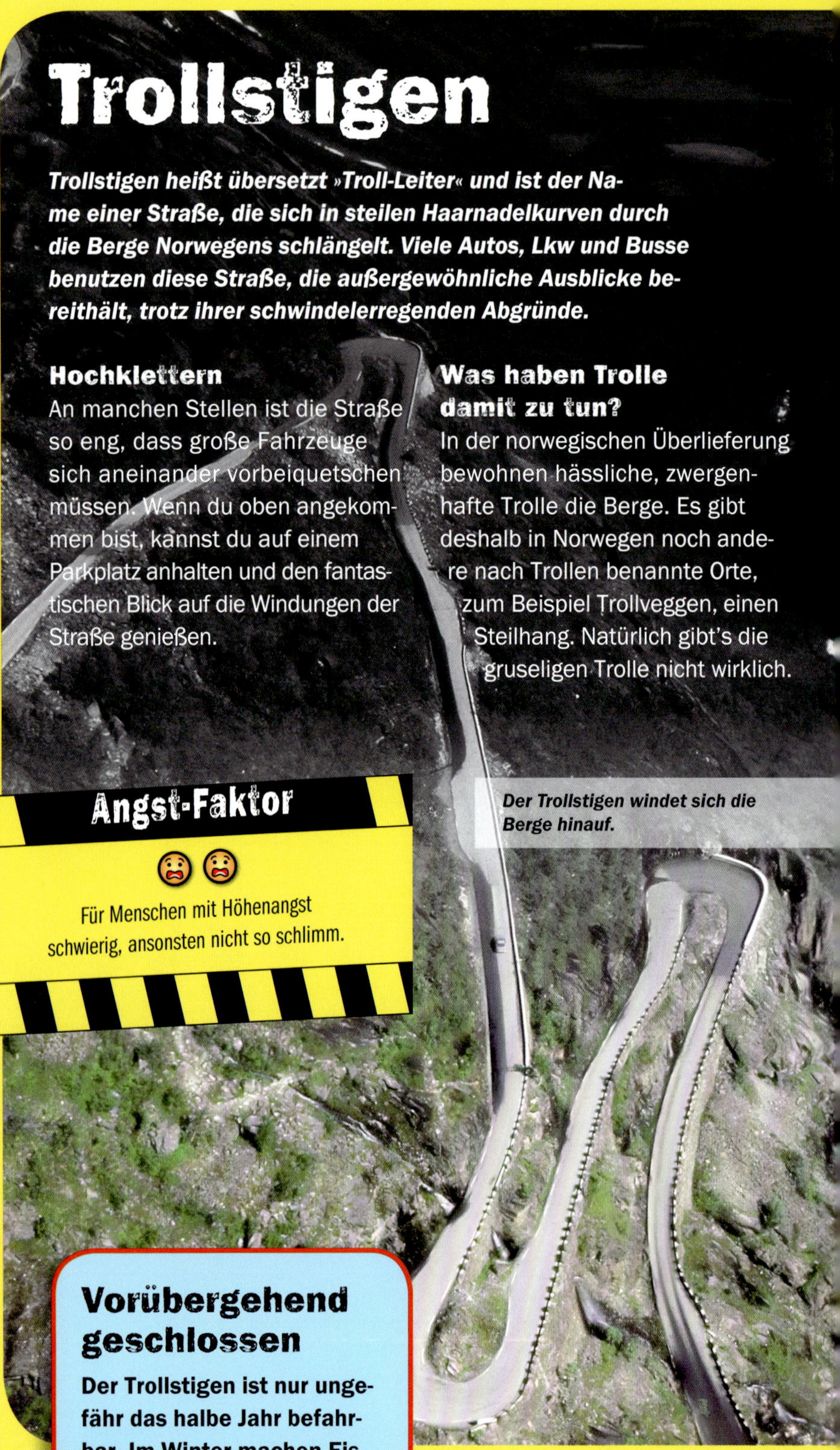

Der Trollstigen windet sich die Berge hinauf.

Angst-Faktor

Für Menschen mit Höhenangst schwierig, ansonsten nicht so schlimm.

Vorübergehend geschlossen

Der Trollstigen ist nur ungefähr das halbe Jahr befahrbar. Im Winter machen Eis und Schnee das Passieren unmöglich.

Caminito del Rey

Um auf dem Caminito del Rey in Spanien wandern zu gehen, brauchte man bis 2015 Nerven wie Drahtseile. Es handelte sich um einen engen, baufälligen Pfad an einem Steilhang, der 100 m nach unten abfällt. Der Pfad war nicht durch Seile gesichert!

Angst-Faktor

Einer der angsteinflößendsten Wege der Welt!

Todesgefahr

Der Pfad (Caminito) war in einem schlechten Zustand, an vielen Stellen ragten nur noch Stahlträger aus dem Stein. Er war kein offizieller Wandersteig mehr, was aber viele Extremsportler und Abenteurer nicht davon abhielt, die 3 km lange Strecke als Klettersteig zu begehen.

Touristen-Attraktion

Der Klettersteig wurde komplett restauriert und abgesichert und ist seit 2015 bei Touristen sehr beliebt, Zehntausende haben den Caminito del Rey bereits besucht.

So sah der Steig vor der Restaurierung aus! Megagefährlich!

Königsweg

Der Pfad wurde zwischen 1901 und 1905 in den Bergen Südspaniens angelegt, damit Arbeiter Wasserkraftwerke mit Material versorgen konnten. Aber erst 1921 erhielt er seinen Namen, als der spanische König Alfonso XIII. ihn entlangging. »Caminito del Rey« bedeutet Königspfad.

Triftbrücke

Die berühmte Schweizer Triftbrücke ist eine beängstigend hohe und lange Seilbrücke über eine Schlucht in den Alpen. Diese Art nur für Fußgänger begehbare Seilbrücken mit zwei Kabeln oder Seilen zum Festhalten und einem schmalen, schwankenden Brückenboden findet man weltweit. Beim Überqueren der Triftbrücke sieht man durch die Spalten in der Gehfläche 100 m in die Tiefe ins Wasser.

Die Wanderer gehen sicher über die Triftbrücke.

Tipp!

Das Gehen über eine Seilbrücke bringt diese zum Schwanken. Macht dir das Angst, versuche vorwärts zu »gleiten« und deine Füße vorsichtig nach vorn zu schieben.

Brücke 1: 2004

Tatsächlich gab es zwei Triftbrücken. Die erste war zu beängstigend, also bauten die Schweizer eine zweite, die höher und länger war. Verlesen? Nein! Das kam so: Die erste 70 m lange Brücke war so innerhalb der Schlucht gelegen, dass raue Winde sie in voller Wucht trafen und zum Schwanken brachten. Da sich die Brücke aber mittlerweile zu einer echten Attraktion für Wanderer entwickelt hatte, musste eine neue, sicherere gebaut werden, ...

Brücke 2: 2009

... und so wurde die alte Triftbrücke 2004 durch die neue ersetzt, die in einem weniger windigen Teil der Schlucht weiter oben angebracht wurde. Sie ist immerhin 170 m lang.

Angst-Faktor

😨😨

Du brauchst jede Menge Mut, um diese »sichere« Brücke zu überqueren.

Hussaini-Brücke

Angst-Faktor

Beängstigend für uns – für die Einheimischen ein normaler Weg.

Wie fändest du es, jedes Mal hier rüberzumüssen, wenn du einkaufen gehst? Die Hussaini-Brücke in Pakistan ist bekannt als eine der gruseligsten Brücken der Welt. Keiner kann sagen, wie viele Menschen schon beim Überqueren dieser alten und viel benutzten Brücke ins eisige Wasser darunter gefallen sind.

Ein Einheimischer auf seinem Weg über die schwankende Brücke

Schlechter Zustand

Ihr miserabler Zustand ist einer der Gründe, warum die Brücke so beängstigend ist. Der Gehweg besteht aus wackeligen, unebenen Planken, die lose mit Seilen und Kabeln befestigt sind. Viele Bretter und Seile fehlen, ständig wird irgendetwas an der Brücke notdürftig geflickt.

Bibber!

Die Brücke befindet sich in den Bergen Pakistans. Der Wind weht dort so stark, dass er dich von der Brücke ins Wasser des Sees schleudern kann, der zu eisig ist, um lange darin zu überleben.

Hängebrücke mal zwei

Auf dem Bild sind zwei Brücken abgebildet. Warum? Links befindet sich die aktuelle Konstruktion und rechts daneben die kaputte. Ein Unterschied ist nicht wirklich zu erkennen!

Seilbahn zum Tianmen Shan

Wenn du in der chinesischen Stadt Zhangjiajie diese Seilbahn besteigst, ist zunächst gar nichts Furchteinflößendes dabei. Du schwebst in deiner Kabine erst über die Stadt, dann über Äcker, wo du Bauern winken kannst. Aber dann geht es steil nach oben zum Berg Tianmen Shan mit seinem Himmelstor – einem Loch im Felsen.

Himmelhoch

Für lange Zeit baumelst du mit deiner Kabine in großer Höhe, unter dir nichts als gezackte Felsen und ein paar Wolken. Nicht jedermanns Sache! Diese Seilbahn ist eine der weltweit höchsten und längsten: Auf mehr als 7 km Strecke steigt sie über 1500 Höhenmeter.

Ganz nach oben

Bis fast ganz zur Bergspitze hinauf bringt dich die Seilbahn, wo noch mehr haarsträubende Attraktionen in einem Park auf dich warten. Es gibt Wege an Abgründen entlang und überhängende Aussichtsplattformen. Und das »Himmelstor«: ein natürlicher Torbogen im Fels.

Atemberaubender Blick aus der Seilbahnkabine an einem eisigen Morgen

Angst-Faktor

Eine fantastische Mischung aus furchteinflößend und überwältigend schön!

Dableiben!

Solltest du jemals mit deiner Seilbahnkabine stecken bleiben, bleib, wo du bist. Rettung kommt! Klettern oder springen ist Selbstmord!

Ngong Ping 360

Halte dich gut fest, wenn du die Fahrt in der Seilbahn Ngong Ping 360 antrittst. 360 Grad Rundblick ermöglicht diese Touristenattraktion Hongkongs, die eine aufregende Tour von Lantau Island zum 500 m hohen Ngong-Ping-Plateau bietet.

Das reicht nicht?

Zu wenig Herausforderung für deine Nerven? Dann nimm eine der Kabinen mit durchsichtigem Boden, die dir zum Rundumblick durch die Fenster noch freien Blick nach unten bieten. Zum Beispiel auf den Stadtteil Tung Chun, aufs Südchinesische Meer und auf Flugzeuge, die unter deinen Füßen zur Landung ansetzen.

Hoppla!

2007 fiel eine Kabine der Ngong-Ping-Seilbahn zu Boden. Sie stürzte nahezu senkrecht 50 m (das entspricht der Höhe eines 16-stöckigen Gebäudes) in die Tiefe und schlug nahe der Station auf. Zum Glück war die Gondel leer, weil die Bahn eine Stunde früher für den Betrieb geschlossen worden war, um Tests durchzuführen. Seither wurden die Sicherheitsmaßnahmen verstärkt.

Angst-Faktor

Eine coole Seilbahn-Fahrt, aber nicht ohne Kribbeln im Bauch!

Die Gondeln der Ngong Ping 360 schweben durch die Luft.

Sind Seilbahnen sicher?

Ja, von äußerst wenigen Unfällen abgesehen, sind Seilbahnen sogar sehr sicher, auch wenn so mancher in ihnen Todesängste aussteht.

Grand Canyon Skywalk

Wenn du dich traust, kannst du auf dem Grand Canyon Skywalk in Arizona (USA) einen Blick in das tiefe Tal des Grand Canyon wagen. Die Aussichtsplattform ragt hufeisenförmig 20 m über den Steilhang hinaus und bietet durch ihren Glasboden eine fantastische Sicht nach unten.

Nichts für Angsthasen

Im Hualapi-Reservat steht diese einzigartige Plattform. Der Gehweg der Plattform besteht aus sechs Schichten besonders kräftigem Glas.

Blick nach unten

Warum sind Glasböden so beängstigend? Wenn du unter dir nur einen tiefen Abgrund siehst, folgert dein Gehirn, dass du in Gefahr bist, und reagiert mit Schweißausschüttung und schnellerem Herzschlag – unabhängig davon, dass du eigentlich weißt, dass du in Sicherheit bist.

120 Personen können den Skywalk auf einmal betreten.

Angst-Faktor

Rechne mit allem: Deine Beine könnten dir den Dienst verweigern.

Besucher müssen Überschuhe anziehen, bevor sie das Glas betreten.

CN Tower

Der CN Tower ragt hoch in den Himmel der kanadischen Stadt Toronto. Hoch oben verdickt sich die Betonnadel zu einem kugeligen Aussichtsdeck.

Ab nach oben

Um nach oben zu kommen, benutzt du einen rasant schnellen Aufzug. Er trägt dich in weniger als einer Minute 342 m (das entspräche 130 Stockwerken) hinauf zur Aussichtsplattform. Hier kannst du ein Stockwerk nach unten gehen, um durch einen Glasboden nach unten zu schauen, oder oben im Restaurant essen.

Noch höher

Mit einem weiteren Aufzug kannst du auch auf eine Mini-Aussichtsplattform ganz oben in 447 m Höhe fahren. Hier fühlst du den Turm im Wind schwingen.

Angst-Faktor

Für Höhenphobiker eine Katastrophe – ansonsten ein Genuss!

Muffensausen beim Blick durch den Glasfußboden?

Racetrack Playa

Racetrack Playa ist ein ausgetrockneter See in Kalifornien (USA). Dort liegen wandernde Felsbrocken mit gut sichtbaren Spuren ihrer Bewegung hinter sich in der ebenen Fläche. Messungen zufolge wandern sie große Strecken – aber niemand hat sie sich bewegen sehen.

Eigener Wille?

Die als wandernde Felsen bekannten Steine erwecken den Eindruck eines eigenen Willens, was natürlich nicht sein kann. Deshalb dachte man lange, Menschen oder Tiere würden sie bewegen, hat aber nie Fußspuren im weichen Boden gefunden. Was also geht dort vor?

Vorangleiten

Es gibt keine gesicherte Erkenntnis, außer dass die Steine im Frühjahr wandern. Die mehrheitliche Meinung ist, dass dann Wasser von den Bergen in den ausgetrockneten See fließt und nachts zu einer Art Eisbooten für die Steine gefriert, auf denen sie durch den sumpfigen Grund gleiten.

Angst-Faktor

Wandernde Felsbrocken – sind da unheimliche Mächte am Werk?

Ein wandernder Felsen und die Spur, die er im Matsch hinterlassen hat

Unglaublich!

Einige der Felsen sind schwerer als 320 kg – das entspricht etwa vier Männern.

Skelettküste

Skelettküste, das klingt nicht nur gruselig – das ist es auch! Die Skelettküste ist ein Wüstenstreifen in Namibia in Afrika, der sich im Norden des Landes die Küste entlang zieht.

Schiffbrüchig

Nebelverhangen mit tückischen Felsen vor der Küste, an die hohe Wellen krachen, präsentiert sich die Skelettküste den Seeleuten, von denen nicht wenige hier schiffbrüchig wurden. Schafften sie es bis an Land, bot die lebensunfreundliche Wüste wenig Schutz und Wasser, und zu ihren Schiffen kamen sie aufgrund der Wellen auch nicht zurück.

Viele gruselige Skelette

Viele riesige Walskelette wurden an die Küste gespült und liegen dort genauso wie an die tausend Schiffswracks und menschliche Skelette – die traurigen Überreste ihrer unglücklichen Besatzungen.

Ein gruseliges Schiffswrack liegt an der Skelettküste in Namibia.

Angst-Faktor

Unheimliche Vorstellung, was hier alles angeschwemmt wird!

Schon gewusst?

Die Küstenlinie der Skelettküste verschiebt sich weiter hinaus ins Meer. Das bedeutet, dass mit der Zeit noch mehr unheimliche Wracks ans Tageslicht kommen werden.

Krater von Derweze

Man traut seinen Augen nicht, aber dieses Loch im Boden gibt es wirklich. 20 m tief und 60 m im Durchmesser misst der ewig glühende und brennende Krater in der Nähe des Ortes Derweze in Turkmenistan in Zentralasien.

Gasbohrung

Die Entstehung des Kraters ist etwas mysteriös. Die meisten gehen aber davon aus, dass er entstanden ist, als Ingenieure in den 1970er-Jahren hier nach Gasvorkommen suchten und dafür Bohrungen vornahmen. Plötzlich brach der Boden ein und eine große unterirdische, gasgefüllte Höhle tat sich auf. Die gesamte Bohrausrüstung fiel in das Loch.

In Brand gesetzt

Einige Leute behaupten, die Ausrüstung hätte das Gas in Brand gesetzt, andere meinen, es seien die Ingenieure gewesen, die das Gas aus Sicherheitsgründen abfackeln wollten. Das hat nicht funktioniert, denn offensichtlich besteht eine Verbindung zu einem großen unterirdischen Gasvorkommen, sodass der Krater auch Jahrzehnte später noch brennt.

Schon gewusst?

Der Name des Ortes Derweze bedeutet »Tor«. Das bringt viele Menschen zu der Auffassung, der brennende Krater bestünde schon viel länger, sodass der Ort nach ihm benannt wurde.

Ein Besucher steht am Rand und blickt in den Feuerkessel.

Angst-Faktor

Wenn dies das Tor zur Hölle ist, tust du gut daran, Abstand davon zu halten!

Gaping Gill

Gaping Gill heißt das riesige, 110 m tiefe Einstiegsloch zu einem unterirdischen Höhlensystem in Yorkshire (Großbritannien). Auf den ersten Blick ist es wirklich gruselig: Es sieht aus wie ein dunkler, unheimlicher Schlund. Seine Felswände sind abfallend und glitschig, und ein Wasserfall, der Fell Beck, stürzt hinein.

Ab nach unten

Höhlenforscher:innen können sich durch Gaping Gill abseilen, um in das Höhlensystem zu gelangen. Aber auch andere, weniger abenteuerfreudige Besucher können nach unten gelangen, da der örtliche Höhlenklub jedes Jahr ein Gerüst mit einem daran befestigten Sitz aufbaut, womit man sich gegen ein Entgelt nach unten transportieren lassen kann.

Angst-Faktor

Dieses beängstigend große Loch im Boden kann gleichzeitig Klaustrophobie und Höhenangst auslösen.

Englischer Rekord

Gaping Gill ist eine der berühmtesten tiefsten Höhlen Englands. Auch der Wasserfall ist rekordverdächtig: Mit 110 m ist er Englands längster ununterbrochener Wasserfall.

Der Respekt einflößende Abgrund von Gaping Gill

St. Louis Friedhof Nr. 1

Sogar Menschen, die nicht an Geister glauben, können Friedhöfe unheimlich finden. Und der St. Louis Friedhof Nr. 1 in New Orleans (USA) ist einer der gruseligsten, auf dem es am meisten spukt.

Überirdische Gräber

Fast auf allen Friedhöfen liegen die Gräber unter der Erde. Hier nicht! New Orleans liegt sehr tief, sodass der Boden oft morastig ist – zu sumpfig für Gräber. Früher versuchten die Menschen, Särge zu beerdigen, aber die wurden bei Überflutungen nach oben gespült.

Totenstadt

Deshalb ist Friedhof Nr. 1 voller Gräber und Gruften, die wie kleine Häuser überirdisch liegen und die Särge der Verstorbenen beherbergen. Aber auch in die Friedhofsmauer sind ganze Reihen von Nischengräbern eingelassen. All das lässt den Friedhof wie eine kleine Stadt – Stadt der Toten genannt – wirken.

Das ist gruselig

Der Gedanke an den Tod und die mögliche Existenz von Geistern lässt uns schauern. **Auf S. 66 steht mehr darüber.**

Angst-Faktor

Ein wirklich gruseliger Friedhof!

Winchester Mystery House

Das Winchester Mystery House in Kalifornien (USA) ist eines der verrücktesten Gebäude der Welt. Es ist voller Labyrinthe, geheimer Räume, aberwitziger Türen und Treppen, die ins Nichts führen.

Unendliche Bauzeit

Das Winchester-Haus wurde von 1884 bis 1922 von der reichen Witwe eines Waffenfabrikanten erbaut. Ein Medium – also ein Mensch, der angeblich mit Toten sprechen kann – prophezeite Sarah Winchester, dass sie von den Seelen all der durch Winchester-Gewehre Getöteten verfolgt würde, wenn sie ihnen kein Haus bauen würde. Also baute sie rastlos bis zu ihrem Tod den Geistern dieses riesige Spukhaus.

Gruselige Geister

Sarah gab ein Vermögen aus, um ihr Haus immer weiter an- und umbauen zu lassen. Die toten Gänge und zahlreichen Labyrinthe sollten die Geister verwirren. Angeblich nahm sie nachts Kontakt zu ihnen auf, um ihre Anweisungen für weitere Umbauten entgegenzunehmen.

Angst-Faktor

😨😨

Eher faszinierend als beängstigend, aber unheimlich allemal!

Wer hier im Labyrinth der Gänge verloren geht, findet nicht mehr hinaus.

Chillingham Castle

»Chill« heißt auf Englisch »Kälteschauer«, und das passt gut zu Chillingham Castle in Northumberland. Es gilt als eines der schaurigsten Spukschlösser unter den vielen, die England zu bieten hat. Besucher schwören, dort zahlreiche Geister gesehen, gehört und sogar gefühlt zu haben.

Chillingham Castle und seine Geister warten auf dich – traust du dich hineinzugehen?

Geisterparade

Berühmt war der Geist Blue Boy (Blauer Junge), der in einem der Schlafzimmer spukte, bis in einer Wand ein Skelett entdeckt und entfernt wurde. Außerdem geht eine der Schlossherrinnen, Lady Mary, in den Fluren um und raschelt mit ihrem Kleid. Ein anderer Geist löst sich aus einem Gemälde, um seine Spukspaziergänge zu unternehmen.

Angst-Faktor

Ein echtes Spukschloss!

Was war das?

Immer wieder haben Besucher beteuert, in den Gängen und Verliesen von etwas Unsichtbarem gestreift und berührt worden zu sein. Andere sahen nachts geisterhafte Gesichter von den Fenstern des Schlosses aus zu ihnen hinüberstarren.

Folterkammern

Wenn du dich richtig fürchten willst, solltest du die Verliese besichtigen, in denen schottische Gefangene mit grässlichen Folterinstrumenten wie einer eisernen Jungfrau (eine Art Sarg mit Nägeln, die nach innen weisen) gefoltert wurden. Der Boden war schräg, damit das Blut ablaufen konnte.

Leap Castle

Diese 500 Jahre alte irische Burg hat gewaltvolle Zeiten erlebt. Innerhalb einer Familie wurde um sie bis auf den Tod gekämpft und in ihren Verliesen verschmachteten unzählige Gefangene. Man sagt, dass viele Geister dort spuken.

Blutkapelle

1532 kämpften zwei Brüder um die Burg. Der eine, ein Priester, feierte gerade einen Gottesdienst in der Burg, als sein Bruder die Burg erstürmte und ihn auf der Stelle erstach. In diesem Raum, Blutige Kapelle (Bloody Chapel) genannt, sagt man, spuke der Priester, und nachts leuchteten Fenster der Burg auf, obwohl keiner dort ist.

Gruselige Erscheinung

Die unheimlichste Spukgestalt dort ist ein kleiner, buckliger, zwergenhafter Kobold mit leeren Augenhöhlen. Wer ihn gesehen hat, beschwört, dass um ihn herum ein grauenhafter Gestank nach Verwesung zu riechen war.

Ins Vergessen

In Leap Castle gibt es eine Oubliette (vom franz. Wort »oublier« = vergessen), ein grauenvolles Verlies mit Nägeln, die aus dem Fußboden ragen, in das Gefangene geworfen wurden, um elend zugrunde zu gehen. Als spätere Besitzer die Oubliette in Augenschein nahmen, fanden sie Dutzende Skelette ehemaliger Gefangener – gruselig, oder?

Die vielen gewaltvoll zu Tode Gekommenen spuken in der Burg.

Angst-Faktor

Burg mit Gänsehaut-Garantie!

Raynham Hall

Angeblich ist das Foto auf dieser Seite eines der seltenen Bilder eines wirklichen Geistes. Die »Braune Lady« von Raynham Hall spukt angeblich in dem Landhaus in Norfolk (Großbritannien) und wurde schon mehrfach vor allem auf der Treppe gesichtet.

Wer spukt hier?

Der Geist soll Lady Dorothy Townshend sein, die im frühen 18. Jahrhundert das Haus bewohnte. Ihr Mann soll sie dort eingesperrt haben, sodass sie, zutiefst verzweifelt, bereits mit 40 Jahren starb. Einige Beobachter beschreiben die »Braune Lady« als durchsichtige Geistererscheinung, einige als fast real wirkende Person.

Fotografiert!

Das berühmte Foto, das hier zu sehen ist, entstand, als zwei Reporter 1936 das Spukhaus besuchten. Der eine meinte, eine Geistererscheinung auf der Treppe zu sehen, und bat den anderen, der nichts sah, die Treppe zu fotografieren. Als die Fotos später entwickelt wurden, zeigte sich – so die Geschichte – dieses Bild.

Angst-Faktor

Nicht der furchterregendste Geist, aber einer der glaubwürdigsten!

Was glaubst du?

Viele Fotos von Geistern sind Fälschungen, indem man zwei Bilder miteinander kombiniert hat. Niemand konnte beweisen, dass dieses Foto keine Fälschung ist. Was glaubst du?

Das berühmte Foto der »Braunen Lady«

Tower of London

Dieser riesige Schlosskomplex ist eines von Londons bekanntesten Gebäuden. Fast 1000 Jahre lang war er zugleich Königspalast und Gefängnis, in dem Könige und Königinnen ihre Feinde gefangen hielten und hinrichteten. Zahllose Geister gehen dort um.

Spuk der Hingerichteten

Viele der historischen Persönlichkeiten, die im Tower hingerichtet wurden, sollen dort spuken. Anne Boleyn, die zweite Frau Heinrichs VIII., soll mit ihrem abgeschlagenen Kopf unterm Arm umgehen, genauso wie die zwei 9- und 12-jährigen Prinzen, die von ihrem Onkel Richard III. hier gefangen gehalten wurden, damit er an der Macht bleiben konnte. Später wurden sie ermordet, und heute sollen sie Hand in Hand weinend im Tower herumgeistern.

Schauerliche Töne

Wachen und Besucher des Towers haben immer wieder von seltsamen Geräuschen berichtet: Stöhnen und Ächzen, Wimmern und Kichern und sogar grässliche Schreie sowie Schritte. Eine Lady spukt in St. John's Chapel, wo der schwere Duft ihres Parfüms in der Luft hängt.

Der sogenannte White Tower ist der Kern der Schlossanlage.

Tipp!

Der Tower ist für Touristen geöffnet. Finde also selbst heraus, ob es dort spukt.

Angst-Faktor

Ein toller Ausflugsort – mit einem bisschen Grusel inklusive!

Mumien-Gräber

Eine Mumie ist ein toter Körper, der nicht verwest ist. Anstatt sich bis auf die Knochen zu zersetzen, bleibt er fast so erhalten, wie er lebendig war – mit Haut, Haaren, Fingernägeln und sogar Augen!

Ägyptische Gräber

Die bekanntesten Mumien stammen aus dem alten Ägypten. Tote Pharaonen wurden mithilfe von Salpeter und anderen Chemikalien mumifiziert und in große steinerne Särge gelegt. Als die Gräber in der jüngeren Zeit geöffnet wurden, fand man die Körper gut erhalten vor. Manche sagen, ein Fluch trifft diejenigen, die die Ruhe der ägyptischen Mumien stören.

Unheimlich lebendig anmutende Mumien in der Kapuzinergruft von Palermo

Gruseliges Palermo

In der italienischen Stadt Palermo kann man in die Kapuzinergruft hinabsteigen, wo die Körper Tausender Menschen aus über 400 Jahren nach ihrem Tod aufgrund der Trockenheit von Luft und Gestein erhalten geblieben sind. Sie reihen sich die Korridore entlang und starren dich an!

Schon gewusst?

Mumien können sich auf natürlichem Weg in gefrorener Umgebung, Moor und sehr trockener Umgebung bilden.

Angst-Faktor

Wenig jagt dir mehr Angst ein als lebendig wirkende Tote.

Mary King's Close

Mary King's Close ist ein dunkles, unterirdisches Gassengewirr in der schottischen Stadt Edinburgh in Großbritannien. Viele Menschen sind überzeugt davon, dass es dort heftig spukt. Mach eine geführte Besichtigung und finde es heraus!

Wie kam es dazu?

In Edinburgh verliefen äußerst schmale Gassen, in deren Mitte stehend man die bis zu 12-stöckigen Gebäude rechts und links mit den Händen berühren konnte. Auf dem Boden kam kaum Tageslicht an. Mary King's Close war eine solche Gasse, deren Gebäude teilweise zerstört und 1753 neu überbaut wurden, wobei die alten Räume und Wege im Untergrund erhalten blieben.

Lauert in diesem schaurigen Gang vielleicht ein Geist?

Geister hinter dir

Mary King's Close war als Geisterort verschrien, schon bevor es für Besucher geöffnet wurde. Heute versichern Besucher und Führer, gruselige Schatten gesehen und ein merkwürdiges Kratzen aus Kaminen gehört zu haben. Sogar der Lärm eines Festes soll schon durch die unheimlichen Gänge geschallt sein. Der berühmteste Geist ist der des kleinen Mädchens Annie, die ihre Puppe sucht. Besucher bringen ihr Geschenke zum Aufheitern.

Schaurige Begleiter

Angeblich folgen einige Geister auch den »Geführten Touren«.

Angst-Faktor

Ich würde an deiner Stelle auf keinen Fall hier übernachten!

Furchterregende Wesen, Wissenschaften und Phänomene

Die Welt ist voller Berichte über unerklärliche Phänomene – Begegnungen mit sonderbaren Wesen und Konfrontationen mit scheinbar unmöglichen Ereignissen. Das kann dir einen Schauer über den Rücken jagen, genauso wie einige wissenschaftliche Erkenntnisse – denk nur an die alles verschluckenden Schwarzen Löcher.

Vampire

Vampire sind wahrhaft schaurige Wesen: Der Legende nach erwachen diese Untoten jede Nacht zu neuem Leben, verlassen ihre Gräber und suchen sich menschliche Opfer, um sie mit ihren Reißzähnen zu beißen und ihr Blut aufzusaugen. Und wer gebissen wurde, verwandelt sich selbst in einen Vampir. Berichte über tatsächliche Vampire sind rar, vielmehr begegnen sie uns in Filmen und Büchern.

Mythos Vampir

Schon seit Menschengedenken gehen Erzählungen von Menschenblut saugenden Dämonen und Untoten, die keine letzte Ruhe finden, um. Irgendwann verschmolzen diese beiden Stränge im Vampirmythos. Im 18. und 19. Jahrhundert waren Schauergeschichten mit Vampiren sehr beliebt, und das gilt auch für heute.

Vampir-Kult

Heute sind Vampirgeschichten so beliebt wie noch nie. Es gibt Tausende davon, außerdem Videospiele, Comics, Spielzeug und Filme.

Graf Dracula

1897 erschien das bekannteste Vampirbuch: Bram Strokers Roman »Dracula«. Seine Dracula-Figur wirkte prägend auf unsere heutige Vorstellung von Vampiren: bleich, schwarz gekleidet und ausgestattet mit der Fähigkeit, sich in eine Fledermaus oder Ratte zu verwandeln. Nur Knoblauch und Tageslicht muss ein Vampir fürchten, getötet werden kann er nur durch einen Holzpflock oder eine Silberkugel ins Herz.

Angst-Faktor

Die Blutsauger jagen uns wohligschaurige Gänsehaut über den Rücken.

Ungeheuer von Loch Ness

Gibt es wirklich Ungeheuer? Wenn ja, ist das Ungeheuer von Loch Ness eines der bekanntesten. Das riesige langhalsige, bucklige Wasserwesen wurde jedenfalls seit dem Mittelalter häufig in dem schottischen See Loch Ness gesichtet.

Lebender Dino?

Die meisten Berichte über »Nessie«, wie sein Spitzname lautet, beschreiben einen Plesiosaurier, also ein prähistorisches Reptil mit langem Schwanz und Hals, einem kleinen Kopf und vier Flossen.

Angst-Faktor

Ein geheimnisvolles Seeungeheuer könnte uns Furcht einflößen – aber nicht Nessie.

Gibt es Beweise?

Zu den Beweisen für Nessies Existenz zählen Berichte von Augenzeugen, die Nessie am Ufer herumkriechen oder im Wasser schwimmend gesehen haben wollen. Auch Fotos seines Kopfes oder Rückenbuckels sowie Filme, die einen großen bewegten Schatten zeigen, gibt es. Viele Fotos haben sich aber als Betrügereien erwiesen oder bei näherer Betrachtung als Aufnahmen von Booten oder Vögeln.

Dieses berühmte Foto zeigt angeblich das Ungeheuer von Loch Ness.

Unbekannte Tierwelt

Legendäre und geheimnisvolle Tiere, deren Existenz nicht bewiesen ist, werden Kryptiden genannt. Es gibt in der Biologie den Bereich der Kryptozoologie, die sich mit ihnen beschäftigt.

Chessie

Ein »Chessie« genanntes Ungeheuer ist wie »Nessie« ein Wasserbewohner. So wie Nessie wurde auch Chessie nie gefangen. Angeblich lebt es im Küstengewässer vor Virginia und Maryland (USA).

Seeschlange

Die meisten Zeugen haben das Ungeheuer als sehr lang (9 m) und dünn mit einem Schlangenkopf beschrieben. Es soll eine Art Mähne entlang seines Rückens haben. 1982 drehte ein Mann namens Robert Frew ein Video von einem schlangenartigen Wesen im Wasser, aber selbst Experten konnten das Tier nicht bestimmen.

Angst-Faktor

Ein unheimliches Meeres-Ungeheuer in Schlangengestalt!

Legenden

Nessie und Chessie sind nicht die einzigen geheimnisvollen Wasser-Ungeheuer. Dutzende Seen, Buchten und Flüsse auf der ganzen Welt haben ihre Monster, glaubt man den Einheimischen.

Könnte Chessie ein riesiger Aal sein?

Yeti

Yeti, Bigfoot (= Großfuß) oder Schneemensch – dieses Ungeheuer in Menschengestalt hat viele Namen. Über die Gestalt sind sich die Berichte aber einig: ein riesiges, kräftiges, aufrecht gehendes menschenartiges Wesen, das aber von dichtem Fell – wie ein Bär – bedeckt ist.

Bergbewohner

Die meisten Sichtungen dieses furchterregenden haarigen Monsters geschahen in abgelegenen Bergregionen wie im Himalaja oder den Rocky Mountains. Das könnte erklären, warum Yetis so selten beobachtet, nie einer gefangen oder zumindest tot gefunden wurde.

Angst-Faktor

Wenn man die Größe der Yeti-Fußspuren bedenkt, die gefunden wurden, ist es wohl besser, keinem über den Weg zu laufen!

Eine Filmaufnahme von 1967: Yeti oder kostümierter Mensch?

Auf Film gebannt

1967 behauptete ein Yeti-Sucher, ein Exemplar in Kalifornien gesichtet und gefilmt zu haben. Sein von vielen für gefälscht gehaltenes Filmmaterial ist bis heute das berühmteste Yeti-Zeugnis.

Chupacabra

Der Name Chupacabra bedeutet so viel wie »Ziegenaussauger«. Es handelt sich um ein geheimnisvolles Lebewesen, das angeblich auf dem amerikanischen Kontinent gesichtet wurde und Nutzvieh und Haustieren das Blut aussaugt.

Hüpfender Hund

Manche beschreiben es als Mischung aus Wildhund und Känguru. Die Reißzähne hat es vom Hund, das Herumhüpfen auf den Hinterbeinen vom Känguru. Mehrfach behaupteten Leute, eines gefunden und getötet zu haben. Immer stellte sich aber heraus, dass Kojoten oder Hunde mit einer Räude genannten Hauterkrankung für Chupacabras gehalten worden waren.

Stachliger Außerirdischer

Ab 1995 veränderten verschiedene Berichte das Bild des Chupacabras. Nun wurde es als zweibeiniges, menschenähnliches Wesen mit Reptilienhaut, Stacheln auf dem Rücken und glühend roten Augen beschrieben.

Film-Monster

Schließlich setzte sich die Erkenntnis durch, dass das reptilienartige Chupacabra doch eher dem Monster »Sil« aus einem 1995 erschienenen Science-Fiction-Film nachempfunden war.

Angst-Faktor

Diese berüchtigte Kreatur ist wirklich boshaft.

Geister

Fast jeder kennt jemanden, der behauptet, schon mal einen Geist gesehen zu haben, und schaurig-schöne Geistergeschichten wurden schon immer gerne erzählt. Man sagt, dass Geister vor allem in Spukhäusern, Burgen und auf Friedhöfen umgehen.

Was sind Geister?

Die meisten glauben, dass Geister verstorbene Menschen oder Tiere sind, die aus irgendeinem Grund keine Ruhe finden und an ihrem ehemaligen Wohnort umgehen. Sie können Lebenden erscheinen, mit ihnen sprechen, sogar nach ihnen greifen, stöhnen oder andere unheimliche Geräusche machen.

Beweise?

Da Geister nicht auf Befehl erscheinen, ist es unmöglich, ihre Existenz zu beweisen. Sie kommen und gehen, wie sie wollen, und sind schwer mit der Kamera einzufangen. Es gibt Fotos von Geistern, aber es ist kaum zu überprüfen, ob sie echt sind.

Geister gibt es nicht nur in alten, unheimlichen Gemäuern.

Angst-Faktor

Egal, nach wem oder was Geister suchen, man möchte dabei nicht zufällig in sie hineinlaufen, oder?

Halluzinationen?

Niemand weiß, wie Geistererscheinungen wirklich zustande kommen. Möglicherweise »speichern« und »reproduzieren« Umgebungen auf irgendeine Art vergangene Ereignisse.

Poltergeister

Ein Poltergeist gilt als geheimnisvolle, geisterhafte Präsenz, die Gegenstände bewegen, herumwerfen und zerbrechen kann. Es gibt auch Berichte, dass Poltergeister Menschen durch den Raum schweben lassen. Einige Menschen halten Poltergeister für eine Spielart der Telekinese (siehe Seite 73).

Was geschieht?

Aus den Berichten lässt sich der Schluss ziehen, dass Poltergeister weniger an einen Ort als an eine Person gebunden sind. Wo immer der Geist auftaucht, bewegen sich Dinge und zerbrechen und merkwürdige Nachrichten können erscheinen. Poltergeister können einige Wochen bleiben und plötzlich verschwinden.

Gestresst?

Untersuchungen von Poltergeistberichten haben gezeigt, dass die heimgesuchten Menschen meist gestresst oder unglücklich waren. Daraus wurde geschlossen, dass möglicherweise eine Art elektrisches Feld oder sonstige Kraft ausgehend vom betroffenen Menschen auslösend ist.

Angst-Faktor

😨😨😨😨

iese lärmenden, zerstörungswütigen Geister sind äußerst beunruhigend.

Ein Poltergeist kann Dinge durch den Raum wirbeln oder nach dir werfen – sogar Möbelstücke kann er verrücken.

Der Poltergeist von Rosenheim

In Rosenheim (Deutschland) wurde angeblich eine Frau namens Annemarie Schneider von einem Poltergeist verfolgt, der in ihrem Büro seltsame Geräusche machte und Dinge bewegte.

Hexen

Als Hexen oder Hexer wurden früher Menschen bezeichnet, von denen man annahm, sie verfügen über magische Fähigkeiten, die sie zum Wohle ihrer Mitmenschen oder zu deren Schaden einsetzten.

Hexenverfolgung

Wurde jemand der Hexerei angeklagt, konnte er gefoltert und hingerichtet werden. In Europa und Amerika gab es lange Zeiten der Hexenverfolgung, und Vergleichbares geschieht auch heute noch in einigen Ländern, deren Bewohner an Hexerei glauben.

Hüte und Besen

Wenn du dich heute als Hexe verkleidest, dann mit einem spitzen Hexenhut und Reisigbesen. Diese Vorstellung von meist bösen, alten Hexen haben wir aus Märchen übernommen. Viele Hexen in anderen Erzählungen sind aber gar nicht furchterregend, sondern eher komisch.

Angst-Faktor

Viel furchterregender als der Gedanke an eine Hexe ist der, als Hexe angeklagt zu werden!

In Europa wurden Hexen von ca. 1450 bis 1750 verfolgt.

Hexenprobe

Oft wurden angebliche Hexen einer »Probe« unterzogen, z. B. wurden sie mit gebundenen Händen und Füßen ins Wasser geworfen. Versanken und ertranken sie, galten sie als unschuldig. Gingen sie nicht unter, wurden sie hinterher als schuldig hingerichtet.

Außerirdische

Wir haben uns so an die Darstellung von Außerirdischen in Filmen gewöhnt, dass wir manchmal vergessen, dass wir absolut nichts über sie wissen. Sind sie menschenähnliche Wesen, kleine Keime oder etwas, das jenseits unserer Vorstellung liegt?

Wie sind die Chancen?

Leben außerhalb unseres Planeten ist ziemlich wahrscheinlich. In den 1990er-Jahren entdeckten Wissenschaftler Exoplaneten – Planeten außerhalb unseres Sonnensystems. Viele von ihnen – es sind Hunderte – weisen Voraussetzungen auf, die Leben auf ihnen theoretisch denkbar machen. Man spricht davon, dass sie in habitablen oder Lebens-Zonen liegen. Das Universum ist so riesig, dass man letztlich von Billionen solcher Planeten ausgehen kann.

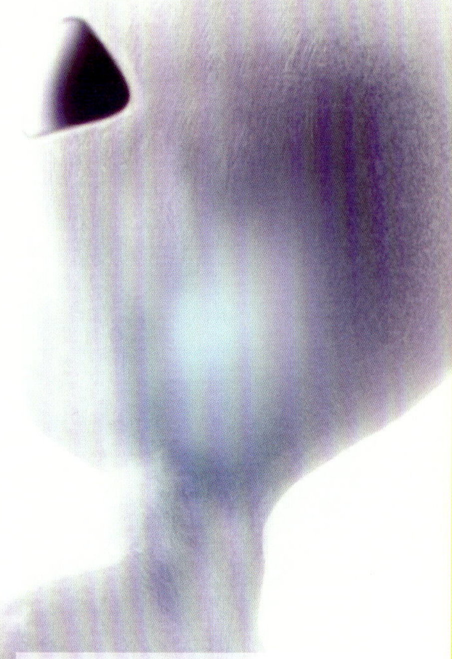

Es gibt viele, die glauben, dass wir bereits Besuch aus dem All hatten ***(siehe S. 71).***

Gefahr aus dem All

Stell dir vor, du wachst morgens auf und hörst, dass Außerirdische mit uns Kontakt aufgenommen haben. Wenn es dazu kommt, können wir nur hoffen, dass sie friedlich sind und nicht die Erde erobern wollen.

Angst-Faktor

Wenn sie da draußen sind, könnten sie gefährlich sein!

Kontaktaufnahme

Astronomen halten ständig nach Signalen aus dem All Ausschau, die Nachrichten von Außerirdischen sein könnten. Zudem haben wir Zeugnisse menschlichen Lebens als Botschaften an Außerirdische ins All geschickt.

UFOs

Wenn wir UFO hören, denken wir sofort an ein außerirdisches Raumschiff, dabei steht UFO allgemein für »Unbekanntes Flug-Objekt«. Die allermeisten UFOs sind – auch wenn viele auf Besuch aus dem All warten – Flugzeuge, Satelliten, Wetterballons oder andere irdische Gegenstände.

Angst-Faktor

All die undefinierbaren Lichter am nächtlichen Himmel – könnten es angreifende Außerirdische sein?

Fliegende Untertassen

Fliegende Untertassen wie auf dem Bild wurden schon oft beobachtet. So ein Bild kann aber auch zustande kommen, wenn jemand ein entsprechend geformtes Ding – wie einen Lampenschirm oder eine Radkappe – in die Luft wirft und ein anderer ein Foto macht.

Vertuschung?

Wenn uns Außerirdische besucht hätten, wüssten wir das mit Sicherheit. Es gäbe Untersuchungen und Berichte. Es gibt aber UFO-Fanatiker, die behaupten, die Regierungen würden bereits stattgefundene UFO-Landungen vertuschen und hätten die Beweise dafür verschwinden lassen. Oder die Außerirdischen selbst hätten uns nur heimlich besucht.

Erleuchtung?

Seit ewigen Zeiten schon sind UFOs gesichtet worden. Meist wurden sie als rund oder oval, leuchtend und unglaublich schnell fliegend beschrieben.

Fliegende Untertasse oder Betrug?

Entführung durch Außerirdische

Immer wieder behaupten Menschen, von Außerirdischen auf ihr Raumschiff entführt worden zu sein – Beweise gibt es nicht.

Betty und Barney

Eine der berühmtesten und frühesten angeblichen Entführungen fand 1961 statt. Betty und Barney Hill fuhren im Auto, als ein helles Licht immer näher kam, das sich als Raumschiff entpuppte. An die nächsten zwei Stunden, bis es sich etwas weiter auf der Straße wiederfand, erinnerte sich das Ehepaar nicht mehr. Später kehrte die Erinnerung an kleine, graue Außerirdische, die in ihrem Raumschiff Tests und Befragungen mit ihnen durchgeführt hätten, Schritt für Schritt zurück.

Ich auch!

Viele Entführungsgeschichten folgen demselben Muster, sodass davon auszugehen ist, dass die »Entführungsopfer« alte Geschichten kopieren oder halluzinieren.

Tourismus

Solltest du jemals von Außerirdischen entführt werden, bring doch bitte ein bisschen Technik als Souvenir aus dem All mit. Das ist merkwürdigerweise noch keinem gelungen.

Angst-Faktor

Von Außerirdischen als Versuchskaninchen benutzt zu werden – grässlich!

Außersinnliche Wahrnehmung

Wenn außersinnliche Wahrnehmung funktioniert, kannst du durch Gedankenkraft mit deinen Freunden Nachrichten austauschen.

Übersinnlich

Außersinnliche Wahrnehmung bedeutet Wahrnehmung, die über das Erfassen der Welt durch Sehen, Hören, Riechen, Tasten und Schmecken hinausgeht. Telepathie (Gedanken lesen und senden) gehört dazu genauso wie Hellseherei.

Kann das sein?

Wissenschaftliche Belege für außersinnliche Wahrnehmung sind schwer zu erbringen. Aber viele Menschen sind sicher, dass sie über einen sechsten Sinn verfügen und z.B. sicher wissen, wer am Telefon ist, bevor sie drangehen, oder spüren, dass ein Unglück geschehen wird. Das bewerten Wissenschaftler aber als Zufälle.

Glaubenssache

Die Menschen, die von sich behaupten, übersinnliche Fähigkeiten zu besitzen, konnten das bisher niemals nachweisen. Glaubst du ihnen?

Angst-Faktor

😨😨😨

Kann jemand deine Gedanken lesen?

Dieser Mann versucht die Gedanken der Frau zu lesen.

Telekinese

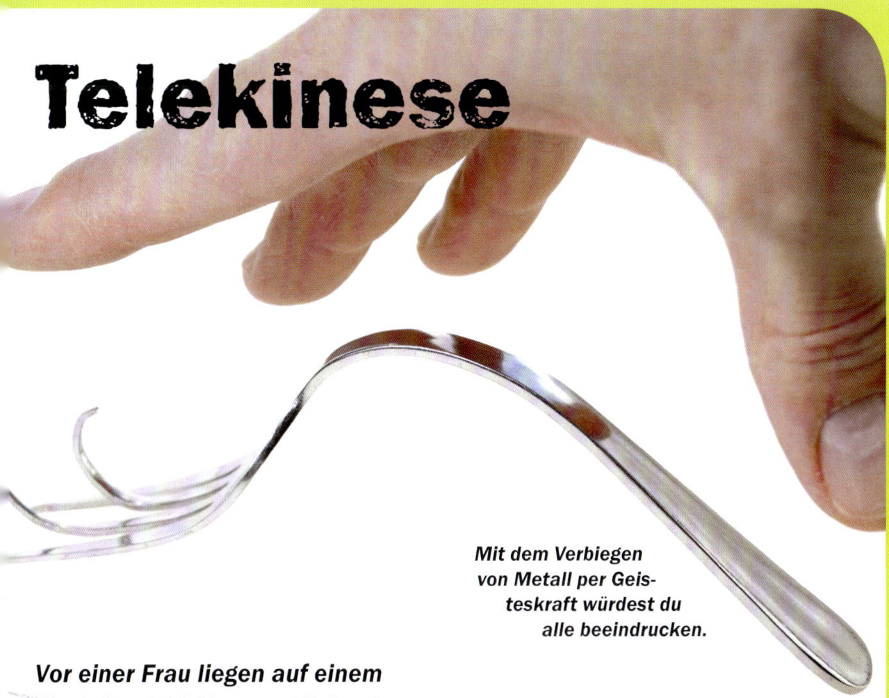

Mit dem Verbiegen von Metall per Geisteskraft würdest du alle beeindrucken.

Vor einer Frau liegen auf einem Tisch Streichhölzer und Schachteln. Sie ist hoch konzentriert und bewegt ihre zitternden Hände vor und zurück. Plötzlich beginnen sich die Dinge zu bewegen. Ohne dass sie diese berührt, rücken die Objekte immer näher auf sie zu.

Angst-Faktor

Wer Gegenstände mit Gedanken bewegt, kann bestimmt auch andere Dinge tun.

Bewegender Geist

Diese Vorführung von Telekinese (Bewegung per geistiger Kraft) fand 1967 in Russland statt. Nina Kulagina behauptete, dass sie Gegenstände nur durch Geisteskraft bewegen könne – allerdings sei dies ein enormer Kraft- und Konzentrationsaufwand.

Nützlich, oder?

Wäre Telekinese doch nur einfacher! Wir müssten nicht mehr in die Küche gehen, um uns ein Butterbrot zu holen, sondern würden es zu uns durch die Luft fliegen lassen.

Schon gewusst?

Die Form eines Gegenstands per Gedankenkraft verändern zu können, zählt auch zur Telekinese. In den 1970er- und 1980er-Jahren trat Uri Geller im Fernsehen auf und verbog Löffel und Gabeln.

Bermuda-Dreieck

Im Atlantischen Ozean, nahe der Karibik und Florida, liegt ein imaginäres, ungefähr 800 000 Quadratkilometer großes Dreieck, das berüchtigt für das Verunglücken von Schiffen und Flugzeugen ist. Abgesehen von den vielen Abstürzen und Schiffbrüchen, sind einige Schiffe und Flieger dort spurlos verschwunden.

Verschwunden, aber wohin?

Für die Geschehnisse im Bermuda-Dreieck wurden immer wieder übernatürliche Erklärungen herangezogen: Sind die verschollenen Flugzeuge und Schiffe ins All gesogen, von Außerirdischen oder Seeungeheuern geschnappt oder in ein Zeitreise-Tor gezogen worden? Oder wurden sie von den magischen Kräften des versunkenen Atlantis in die Tiefe gerissen?

Moment mal!

In Wirklichkeit ist das Bermuda-Dreieck kein geheimnisvoller Ort (auch wenn es gefährlich sein kann). Richtig ist, dass es viele Unglücksfälle dort gibt – was kein Wunder ist, da es sich um eine der meistbefahrenen und -überflogenen Seeregionen handelt, in der aber besonders viele Hurrikane und andere Stürme auftreten. Statistisch ist die Unfallrate also nicht verwunderlich.

Angst-Faktor

Besser, du fliegst nicht dort lang!

Schäumendes Meer

Wissenschaftler haben dort auf dem Meeresboden Gasvorkommen entdeckt, die möglicherweise an die Oberfläche strömen. Das so aufgeschäumte Meer könnte Schiffe »verschlingen«. Beweise dafür gibt es aber noch nicht.

Eine riesige, plötzlich aufgetauchte Wasserhose im Bermuda-Dreieck

Kornkreise

Seit den 1970er-Jahren taucht das seltsame Kornkreis-Phänomen vermehrt auf der ganzen Welt auf. Kornkreise sind oftmals komplizierte Formen und Muster (nicht immer einfache Kreise), die auf Feldern – oft wie von Zauberhand über Nacht – auftauchen, sodass immer wieder Außerirdische als Verursacher vermutet werden.

Ich war's!

Oftmals haben Menschen zugegeben, die Kornkreise entworfen und das Korn mit Brettern und Seilen entsprechend flach gewalzt zu haben. Es gibt sogar Wettbewerbe, in denen Mannschaften um die Erzeugung der schönsten Muster antreten.

Laune der Natur?

Einige Wissenschaftler behaupten, die Muster würden durch Wind oder Blitze entstehen, aber dies ist nicht bewiesen.

Doch nicht!

Die Vertreter der »Außerirdischen-Theorie« behaupten aber, dass diese Kornkreise nur Kopien der Originale seien, die weiterhin existierten und nicht durch Plattwalzen entstünden, sondern durch große, plötzliche Erhitzung der Halme. Sie führen an, dass beim Entstehen der Kreise immer wieder übers Feld schießende, geheimnisvolle Lichter gesichtet worden seien.

Angst-Faktor

Sind Kornkreise Botschaften aus anderen Welten?

Was könnte dieser beeindruckende Kornkreis bedeuten?

Weltraum-Spaziergang

Das Wort Spaziergang ist irreführend: Boden unter den Füßen gibt es bei diesen Außenbordeinsätzen von Astronauten im Weltall nämlich nicht!

Spezialanzug

Natürlich kann kein Astronaut ungeschützt aus seinem Raumschiff ins All hinausgehen. Er könnte nicht atmen und würde sofort das Bewusstsein verlieren. Bei ihren Außenbordeinsätzen brauchen Astronauten einen Helm, Sauerstoff und einen Spezialanzug, der den Luftdruck der Erde simuliert.

Hilfe, ich treibe weg!

Bei einem Weltraumspaziergang könntest du von deinem Raumschiff getrennt werden und ins All hinaus treiben. Für immer! Wenn ein Astronaut draußen arbeitet, schweben er und sein Raumschiff in dieselbe Richtung, aber ein Stoß könnte ihn wegschleudern.

Edward White war der erste Amerikaner, der sein Raumschiff verließ.

Menschlich!

Da ein Außenbordeinsatz viele Stunden dauern kann, braucht man eine Trinkvorrichtung – und eine Windel.

Angst-Faktor

Bestimmt ein fantastisches Erlebnis – aber ein Technikversagen wäre schrecklich.

Schwarze Löcher

Ein Schwarzes Loch im Weltall hat kein Volumen, sondern nur Masse. Das bedeutet, dass es eine riesige Menge Materie enthält, sehr schwer ist und eine entsprechend große Anziehungskraft besitzt. Seine Gravitation ist so stark, dass es alles verschluckt, was ihm zu nahe kommt – sogar Licht. Daher der Name.

Warum verschlucken sie alles?

Das klingt furchteinflößend – so als könnten Schwarze Löcher das ganze Universum verschlingen. Aber keine Sorge, so wie bei einem Planeten wie der Erde wirkt die Anziehungskraft der Schwarzen Löcher nur, wenn etwas nah dran ist. Und zum Glück für die Erde haben wir keine Schwarzen Löcher in der Nähe.

Hausgemachtes Loch?

Atomphysiker führen mit sogenannten Teilchenbeschleunigern (zum Beispiel im Kernforschungszentrum CERN in Genf) groß angelegte Versuche durch. Einige Kritiker befürchten, dass dadurch ein die Erde verschlingendes Schwarzes Loch entstehen könnte, was die meisten Wissenschaftler für völlig abwegig halten.

Angst-Faktor

Von einem Schwarzen Loch verschlungen zu werden, ist total unwahrscheinlich.

Wissenschaftler glauben, dass Schwarze Löcher sogar Sterne zerstören und verschlucken können.

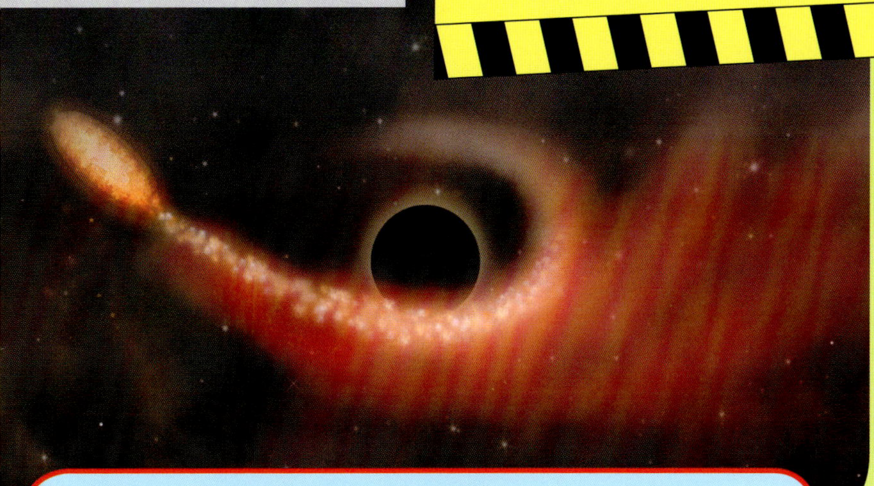

Tore zu anderen Welten

In Science-Fiction-Geschichten können Schwarze Löcher Zeitreiseportale sein.

Killerviren

Ein Virus ist eine Art Keim, der deine Zellen angreift und dich krank macht. Viren werden von einem Menschen auf den anderen übertragen. Grippe, HIV, Erkältung, Masern und Corona werden z. B. durch Viren ausgelöst.

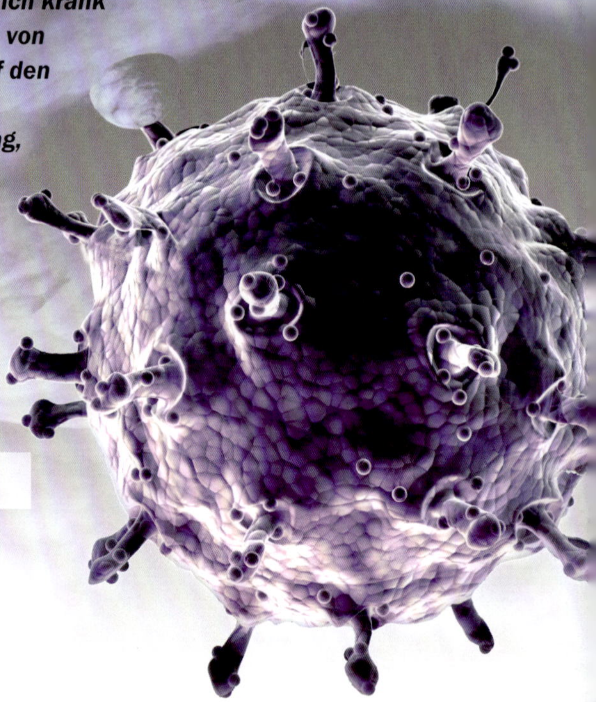

Ein tödliches Vogelgrippe-Virus

Mutation

Gegen die meisten dieser Krankheiten gibt es wirksame Medizin. Allerdings verändern sich Viren – sie mutieren, sagen die Mediziner, was bedeutet, dass sie plötzlich viel gefährlicher werden können. Unvermittelt kann ein Virus entstehen, das gleichermaßen tödlich und leicht übertragbar ist und sich rasend schnell auf der Erde verbreitet und Millionen von Menschen tötet. Dann spricht man von einer Pandemie.

Angst-Faktor

Vernichtet ein Killervirus uns alle?

Viren brauchen uns

Viren brauchen Menschen, um zu überleben. Außerhalb der menschlichen Zellen können sie sich nicht vermehren.

Gefährliche Grippe?

Eine Grippe kann harmlos verlaufen oder tödlich. Grippeviren mutieren schnell und können deshalb Pandemien auslösen. Deshalb arbeiten Forscher mit Hochdruck an schützenden Impfstoffen.

Gentechnik

Gene sind kleine Abschnitte mit Informationen in den Zellen allen Lebens, die dem Körper die Anleitungen zum Funktionieren geben. Gentechnik verändert die Gene.

Was ändert sich?

Es gibt zum Beispiel eine Erdbeerpflanze mit dem Gen eines Tiefseefisches, durch das verhindert wird, dass die Erdbeerpflanze bei Temperaturen unter dem Gefrierpunkt Frostschäden davonträgt. Sie selbst produziert eine Art Antifrost-Mittel. Mit derselben Technologie wäre es aber auch möglich, viel gruseligere Lebewesen halb Mensch halb Tier oder gemeingefährliche Killerkeime herzustellen.

Gott spielen?

Indem man ganze Genome, Bündel von genetischen Informationen, verbinden würde, könnten ganz neue Lebensformen entstehen. Möglicherweise Monster?

Angst-Faktor

Könnten im Labor tatsächlich Monster oder Killerviren gezüchtet werden?

Diese Maus leuchtet im UV-Licht grün, weil sie ein Protein von einer leuchtenden Qualle eingepflanzt bekommen hat.

Für und Wider

Man kann Gentechnik als Hilfe im Kampf gegen Krankheiten und Hunger (widerstandsfähiges Getreide) bewerten. Viele Menschen fragen sich aber, wohin das führen soll, und befürchten, dass genetisch veränderte Lebensmittel sich als schädlich erweisen könnten.

Nanotechnologie

»Nano« bezeichnet etwas unglaublich Winziges (ein Nanometer ist ein Milliardstel Meter). Entsprechend ist Nanotechnologie Technologie in Miniaturform. Manchmal sind die Maschinen selbst winzig, manchmal die verwendeten Teile.

Was wird hergestellt?

Es gibt viele mögliche Einsatzgebiete für Nanotechnologie. Wir könnten unsere eigenen, hilfreichen »Nanofabriken« zu Hause haben. Winzige unsichtbare Maschinen würden sich um die Reinhaltung der Luft kümmern oder in unseren Körpern Krankheitserreger beseitigen und »Schadstellen« ausbessern. Möglicherweise könnten wir so sogar Lebensmittel herstellen, die wir sonst anbauen müssten.

Wieso beängstigend?

In falschen Händen kann solche Technologie zur Gefahr werden. Kriminelle und Terroristen könnten mit Nanofabriken Waffen und Gifte herstellen – ein Albtraum.

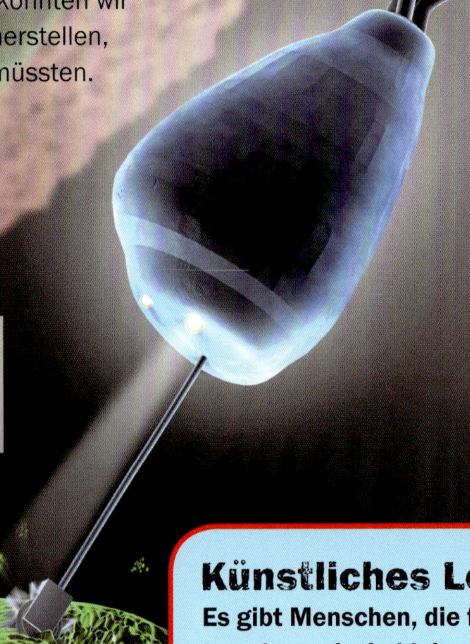

Eine Nanomaschine könnte Krebs in menschlichen Zellen bekämpfen.

Angst-Faktor

Nanotechnologie kann nützlich sein oder schlimmen Schaden anrichten.

Künstliches Leben

Es gibt Menschen, die fürchten, dass winzig kleine, extrem intelligente Roboter, Nanobots genannt, die Erde erobern könnten, sobald sie eine eigene Energiequelle gefunden hätten und in der Lage wären, sich zu reproduzieren.

Künstliche Intelligenz

Die Technologie der künstlichen Intelligenz versucht die Fähigkeiten des Gehirns nachzubilden: Roboter nehmen ihre Umgebung wahr und reagieren darauf. Computer treffen Entscheidungen und unterhalten sich mit dir.

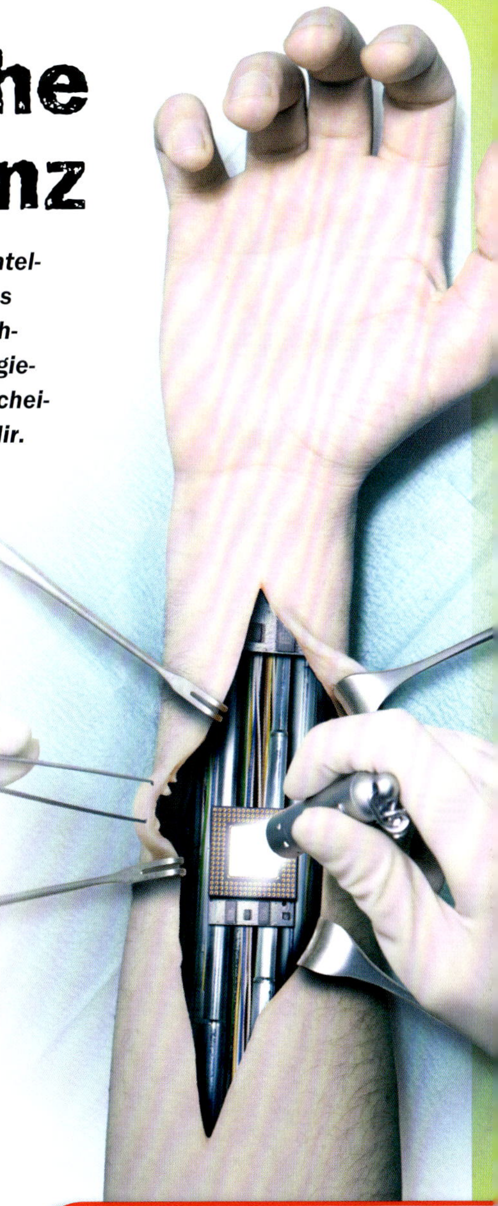

Denkende Maschinen

Die Möglichkeiten von Computern entwickeln sich rasant. Es gibt Fachleute, die einen Moment vorhersagen, an dem künstliche Intelligenz die menschlichen Fähigkeiten überflügeln wird. In Science-Fiction-Filmen ist das schon häufig dargestellt worden.

Unter Kontrolle

Sehr beängstigend ist die Zukunftsvision, superintelligente Roboter könnten ihre eigenen noch intelligenteren Maschinen bauen, eine eigene Energiezufuhr entdecken und die Kontrolle über die Menschen gewinnen.

Komplett menschenähnliche Roboter sind durchaus denkbar.

Angst-Faktor

Roboter sind wirklich praktisch – solange sie nicht die Erde erobern.

Androiden

Aus Science-Fiction-Filmen kennen wir schon Roboter, die völlig menschenähnlich aussehen. Da Forscher bereits an künstlicher Haut und Mimikprogrammen arbeiten, die menschliche Gefühle imitieren, könnten uns solche Androiden bald in Wirklichkeit begegnen.

Furchterregende Stunts und extreme Sportarten

Draußen im Freien kannst du viele furchterregende Abenteuer erleben. Scheint es noch relativ leicht, den Mut für Bungee-Jumping zusammenzukratzen, kann dir beim Gedanken an Sportarten wie Klippenspringen oder Stunts auf den Flügeln eines fliegenden Flugzeugs durchaus das Herz in die Hose rutschen.

Kunstflug

Wer glaubt, Flugzeuge seien bloße Transportmittel von Punkt A nach Punkt B, hat noch nie Kunstflieger gesehen, deren atemberaubende Flugmanöver von ihrer perfekten Beherrschung des Flugzeugs zeugen.

Angst-Faktor

Einige Akrobaten haben Nerven aus Stahl!

Alles Show

Kunstflieger treten in speziellen Shows oder im Rahmen von Flugtagen auf – in Deutschland seit einem Unglücksfall mit vielen Toten allerdings seltener. Staffelflüge mit mehreren Flugzeugen sind oft Teil des Programms, und es ist besonders haarsträubend zu beobachten, wie zwei Flugzeuge genau aufeinander zuhalten, um dann doch knapp aneinander vorbei zu fliegen.

Kunstflugfiguren

- Looping: einen ganzen vertikalen Kreis (mit Rückenlage) fliegen
- Rolle: beim Vorwärtsfliegen um die Längsachse drehen
- Turn: Das Flugzeug wird steil nach oben gezogen, dann Steilflug nach unten.
- Sturzflug: bis fast zum Boden fliegen

Eine Fliegerstaffel in Aktion. Rauch zeigt ihre Flugbahn an.

Absturz?!

Eines der beeindruckendsten Kunststücke ist die Simulation eines Fast-Unfalls. Das Publikum erstarrt, wenn das Flugzeug ins Trudeln gerät. Vermeintlich erst in letzter Minute bekommt der Pilot den Flieger wieder unter Kontrolle.

Wingwalking

Wingwalking ist eine Stuntvorführung auf den Tragflächen eines, meist kleinen, Flugzeugs. Der Artist muss sich beim Aufstieg, bei Loopings, Drehungen und im Senkflug auf den Tragflächen halten – und das bei Geschwindigkeiten von bis zu 260 Stundenkilometern.

Kein Spaziergang

Auch wenn »walking« gehen bedeutet, geht ein Wingwalker keinesfalls auf den Tragflächen spazieren, denn dabei würde er unweigerlich hinabgeschleudert. Er lehnt sich vielmehr an ein spezielles Gerüst und ist mit einem Gurtsystem angeschnallt. Trotzdem können professionelle Wingwalker ihre Position verändern und bestimmte akrobatische Figuren, z. B. einen Handstand, vorführen.

Wingwalkerinnen

Frauen zählen aufgrund ihres günstigen geringeren Gewichts zu den besten Wingwalkern.

Angst-Faktor

Nicht geeignet bei Flugangst!

Vorführungen

Im Rahmen von Flugtagen kannst du manchmal Wingwalking-Vorführungen sehen, vielleicht sogar mit Flugstaffeln aus zwei oder mehr Flugzeugen, die ihre Flugkunststücke präsentieren.

Eine Wingwalking-Show hoch in der Luft

Fahrzeug-Stunts

Rennen und Verfolgungsjagden, Fahrten durch dichte Menschenmengen, Zusammenstöße, Überschläge, Durchbrechen von Mauern, Sprünge über breite Abgründe: All das lieben Zuschauer von Actionfilmen.

Stunt-Schulen

Um Fahrer für solche Filmszenen zu sein, gehst du am besten auf eine spezielle Stunt-Schule. Selbstverständlich musst du ein hervorragender Autofahrer sein, aber auch ruhig und kontrolliert. Es ist auch von Vorteil, wenn du eher klein bist, da du dir bei Überschlägen weniger den Kopf stößt und das Auto mit einem kleinen Fahrer größer wirkt. Wie gut auch immer du bist, du wirst aber Verletzungen wie Schnitte und Platzwunden davontragen, denn Stunts zu fahren, ist riskant.

Geschwindigkeitsrausch

Im Kino sind Fahrzeug-Stunts fester Bestandteil von Thrillern, Krimis und Actionfilmen. Begabte, gut ausgebildete Stunt-Fahrer sind deshalb aus der Film- und Fernsehbranche nicht wegzudenken.

Fahrer beim Internationalen Stunt-Festival in Belgrad, Serbien

Raser?

Stunt-Fahrer sind aufgrund ihrer Erfahrung und ihres Trainings keine blindwütigen Raser, sondern sichere Autofahrer.

Angst-Faktor

Stunt-Fahrer ist ein aufregender, aber auch nervenaufreibender Job.

Fallschirmspringer

Höhenangst entsteht durch das beunruhigende Gefühl, du könntest hinunterfallen – und genau das tust du beim Fallschirmspringen. Du springst aus einem Flugzeug und stürzt schneller als ein sprintender Gepard in Richtung Erde. Aber zum Glück hast du ja deinen Fallschirm.

Freier Fall als Kick

Schon im 15. Jahrhundert wurde der Fallschirm erfunden, um sicher aus großer Höhe zur Erde zu kommen. In der jüngeren Zeit wurde er viel verwendet, um Soldaten über Kriegsgebiet abzusetzen. Seit 1940 hat sich Fallschirmspringen immer mehr zum Hobby entwickelt.

Angst-Faktor

Furchteinflößend, aber nichts, wozu man dich zwingen kann!

Todesmutig

Normalerweise springt ein Fallschirmspringer in 4000 m Höhe aus dem Flugzeug. Nach ca. einer Minute freien Falls muss er den Fallschirm öffnen. In dieser Zeit kann er Purzelbäume schlagen oder mit anderen Springern Formationskunststücke vorführen. Dabei besteht die Gefahr gegen andere zu stoßen, abgelenkt zu werden und den Fallschirm zu spät zu öffnen.

Fallschirmspringer beim Absprung aus einem Flugzeug

Wie ein Geschoss

Besonders waghalsige Fallschirmspringer springen kopfüber, um noch schneller in Richtung Erde zu schießen. Sie erreichen Fallgeschwindigkeiten von bis zu 480 km/h.

Wingsuit-Fliegen

Die Menschen haben den Himmel mit Flugmaschinen wie Flugzeugen und Hubschraubern erobert, dabei aber nie dem Traum vom selbstständigen Fliegen aufgegeben. Fliegen mit einem Wingsuit kommt dem schon sehr nah: Fallschirmspringen in einem Anzug mit »Flügeln« zwischen Armen und Beinen.

Landeerlaubnis

Im Rücken des Wingsuits befindet sich ein Fallschirm für die Landung. Die Hersteller arbeiten aber an einem Anzug, der ohne Fallschirm auskommt.

Wie funktioniert das?

Wenn du mit einem Wingsuit aus einem Flugzeug springst, fällst du erheblich langsamer, da sich die »Flügel« mit Luft füllen. Sie erlauben dir, vorwärtszugleiten wie ein Vogel. Du kannst aufsteigen, herabschießen und Loopings schlagen. Und du kannst weit fliegen. Einige Wingsuit-Flieger haben es geschafft, bis zu 20 km horizontal zu gleiten.

Gleiten wie ein Vogel – kein Traum für diesen Wingsuit-Flieger.

Schon gewusst?

Der Wingsuit wurde in seiner heutigen Form vom Franzosen Patrick de Gayardon erfunden, der durch ein Fallschirmunglück 1998 zu Tode kam.

Angst-Faktor

Ein Extremsport für besonders Nervenstarke!

BASE-Jumping

BASE-Jumper springen mit Fallschirmen nicht aus Flugzeugen, sondern von Gebäuden (engl. = buildings), Sendemasten (= antennas), Brücken (= spans) sowie Bergen und Klippen (= earth). BASE ist aus den Anfangsbuchstaben der Absprungorte gebildet.

Absprung von einer fürchterlich hohen Klippe

Irrtum

Vielleicht stellst du dir einen Sprung von einem Gebäude oder einer Brücke weniger beängstigend vor als den aus einem Flugzeug in 4000 m Höhe? Weit gefehlt! BASE-Jumping ist deshalb so gefährlich, weil es in der kurzen Zeit zum Öffnen des Fallschirms keinerlei Spielraum für Fehler gibt. Zudem ist der Landeplatz oft sehr klein und nahe an Klippen oder Gebäuden, wo ein Windstoß zu tödlichen Unfällen führen kann.

Tödliches Hobby

Frühe Fallschirmpioniere wagten einige kühne Sprünge von Türmen oder Gebäuden, aber der moderne Sport begann in den 1970er-Jahren. Der norwegische Fallschirmspringer und Fotograf Carl Boenish machte ihn bekannt. 1984 kam er bei einem BASE-Jumping-Unfall ums Leben. Dieser Extremsport hat schon viele Todesopfer gekostet.

Riskante Sprünge

BASE-Jumper springen manchmal aus einer Höhe von nur 34 m. Die Zeit bis zum Aufprall auf dem Boden dauert nur 2,6 Sekunden.

Angst-Faktor

Eine der gefährlichsten Sportarten der Welt – auch für Zuschauer!

Skispringen

Die olympische Sportart Skispringen erscheint, nüchtern betrachtet, völlig aberwitzig: Nachdem er eine eisglatte Rampe in einer Geschwindigkeit von bis zu 100 km/h hinuntergebrettert ist, fliegt ein Skispringer in einer Höhe von bis zu 18 m bis zu 120 m weit dem Boden entgegen. So durch die Luft zu schießen, würde unter normalen Umständen eine tödliche Landung mit sich bringen.

Kann das gut gehen?

Skispringer kommen meist heil an, weil sie auf einer leichten Steigung landen, wo ihre Skier wieder genau gerade ausgerichtet werden. Allerdings braucht es für so eine sanfte Landung sehr viel Übung. Ohne langjährige Erfahrung kann niemand eine olympische Sprungschanze runtersausen. Skispringer beginnen ihr Training oft schon als Kinder und probieren erst kleine Sprünge aus.

Ist das gefährlich?

Es gibt Todesfälle, meist durch Kopf- oder Halsverletzungen bei missglückten Landungen. Das ist aber äußerst selten. Skispringen ist statistisch nicht gefährlicher als andere Wintersportarten wie Snowboarden.

Angst-Faktor

Es sieht beängstigend aus, aber Profiskispringer wissen, was sie tun.

Ein Skispringer hebt in einem Wettkampf ab.

Längste Flüge Skispringer werden nach der Weite ihres Fluges, nicht nach der Höhe bewertet. Beim sogenannten Skifliegen starten die Springer von besonders hohen Schanzen und erzielen Weiten von rund 200 bis 250 m.

Gebäudeklettern

Jeder neu gebaute Wolkenkratzer ist eine weitere Herausforderung für Gebäudekletterer. Diese furchtlosen, todesverachtenden Zeitgenossen klettern außen an den höchsten Gebäuden hoch, und das oftmals ohne Seile oder andere Sicherheitsausrüstung.

Gut festhalten!

Es gibt Tausende hohe Häuser auf der Welt mit den verschiedensten Außenfassaden. Manche haben Gestänge, Vorsprünge oder Röhrensysteme, an denen man gut hochklettern kann. Andere sind völlig glatt, und es ist unfassbar, dass jemand dort Halt findet. Gute Gebäudekletterer sind außergewöhnlich stark und klein und können sich an den winzigsten Ritzen festhalten.

Hallo, runter von meinem Gebäude!

Gebäudekletterer können sich die Erlaubnis zum Erklettern eines Gebäudes einholen. Es gibt aber einige, wie den berühmten französischen Kletterer Alain Robert, der ungesetzlich und gegen den Willen der Besitzer Gebäude erklimmt. Nicht nur, dass er sein eigenes Leben aufs Spiel setzt. Die Polizei muss unten eine Sicherheitszone räumen, dass im Falle eines Sturzes niemand gefährdet wird. Oben angekommen, wird der Kletterer dann verhaftet.

Angst-Faktor

Fast jeder normale Mensch würde vor Angst erstarren.

Alain Robert mit dem Spitznamen Spiderman erklimmt den Federation Tower in Moskau.

Die menschliche Fliege

Gebäudeklettern ist anders als andere Extremsportarten nicht neu. Zwischen 1919 und 1927 erklomm der Amerikaner George Polley Hunderte hoher Gebäude.

Freerunning

Freerunning ist ein verrücktes Hobby: Quer durch die Stadt über alle Hindernisse hinwegrennen, springen, swingen oder rückwärts Saltos schlagen. Man braucht dazu viel Übung, Geschick, Können und Mut.

Atemberaubende Sprünge

Die besten Freerunner können unglaubliche Stunts: Sie rennen steile Wände hoch und machen anschließend einen Rückwärtssalto, überwinden ganze Treppenfluchten in einem Satz und überspringen große Lücken zwischen hohen Gebäuden. Sie sind extrem fit und trainieren hart, sonst wäre die Verletzungsgefahr viel zu groß – wie bei den vielen untrainierten Nachahmern.

Stilvoll rennen

Freerunning hat sich aus der Sportart Parkour entwickelt. Beim Parkour geht es um Effizienz: Der Sportler will auf kürzestem Weg von Punkt A nach Punkt B kommen und überläuft die Hindernisse, die da sind. Freerunner entwickeln ihren eigenen Stil, führen coole Bewegungen, akrobatische Sprünge, Drehungen, manchmal synchron zu anderen Läufern, aus.

Dieser furchtlose Freerunner springt über eine beeindruckende »Lücke«.

Staunen!

Schau dir unbedingt mal einen berühmten Freerunner, z.B. Sébastien Foucan, im Internet an.

Angst-Faktor

Übermenschliche Bewegungsabläufe – beeindruckend!

Freitauchen

Freitauchen oder Apnoetauchen ist ein Extremsport, bei dem nur die eigene Atemluft genutzt wird. Wer taucht ohne zusätzlichen Sauerstoff am tiefsten und kommt sicher wieder hoch?

Die Französin Audrey Mestre bricht den Weltrekord.

Wie geht das?

Normalerweise braucht man eine Taucherausrüstung und Sauerstoff, um tief zu tauchen. Je tiefer du kommst, umso größer ist der Druck auf deine Lungen, die sich nicht ausdehnen können. Mit dem Sauerstoffgerät, das Pressluft enthält, wird dieses Problem gelöst. Freitaucher tauchen genauso tief oder sogar noch tiefer als Taucher mit Ausrüstung und lösen das Problem mit dem Wasserdruck, indem sie »einfach« die Luft anhalten.

Luft anhalten!

Die meisten Menschen können gerade mal eine halbe oder eine Minute die Luft anhalten. Die besten Freitaucher schaffen unglaubliche 4 Minuten bei Tieftauchgängen!

Angst-Faktor

Tief unter Wasser sein und nicht atmen können – höchst beklemmend.

Reflexartig

Wenn wir tauchen, füllen sich unsere Lungen mit Blutplasma (dem flüssigen Teil unseres Blutes) – ein Reflex, den alle Säugetiere haben.

Klippenspringen

Stell dir vor, wie du mit nichts als deinem Badeanzug am Rande einer Klippe stehst. 26 m tief (= 8 Stockwerke) gähnt der Abgrund über dem Meer – und du springst runter. Genau das machen Klippenspringer auf der ganzen Welt – in Wettkämpfen oder nur so zum Spaß!

Flatsch!

Von so großer Höhe abzuspringen, bedeutet, mit hoher Geschwindigkeit auf dem Wasser aufzukommen – mit bis zu 100 km/h. Bei solchen Aufprallgeschwindigkeiten kann Wasser hart wie Fels sein, sodass sich Bauchklatscher nicht empfehlen. Klippenspringer müssen stark und fit sein und vor allem eine perfekte Eintauchtechnik haben!

Schau auf miiiich!

Viele Klippenspringer machen akrobatische Sprungfiguren auf dem Weg ins Wasser – manchmal sogar zwei oder drei Springer synchron.

Angst-Faktor

Gefährlich und definitiv nichts für ängstliche Gemüter!

Der Salto eines Klippenspringers in Einzelbildern

Höhlenwandern

Unter dem Boden, auf dem wir täglich gehen, gibt es Millionen von Tunnel, Höhlen und unterirdische Flüsse. Diese feuchte, dunkle Welt zu erkunden, ist ein spannendes Hobby – bis du dich verirrst, feststeckst oder weggeschwemmt wirst.

Höhleneingänge

Es gibt unter der Erde weit verzweigte, riesige Höhlensysteme mit vielen Kammern, die durch enge Gänge verbunden sind. An manchen Stellen öffnen sie sich zur Oberfläche. Dort steigen die Höhlenwanderer ein. Ihren Weg müssen sie sich genau merken, damit sie jederzeit zurückfinden. Sie brauchen Helme, wasserdichte Lampen mit Reservebatterien, warme Kleidung und Notrationen für den Fall, dass sie sich verirren.

Angst-Faktor

Höhlenwandern kann ein Riesenspaß sein – oder ein Albtraum.

Achtung, Wasser!

Im unterirdischen Höhlensystem sammelt sich Wasser von der Oberfläche. Es gibt fantastische Seen und Wasserfälle zu bestaunen, die von Höhlentauchern durchschwommen und erkundet werden. Nach heftigem Regen können sich Höhlen erschreckend schnell mit Wasser füllen, was eine große Gefahr darstellt!

Eine wirklich enge Spalte!

Klaustrophobie **So heißt die Angst vor engen, abgeschlossenen Räumen. Höhlenwanderer dürfen nicht daran leiden, weil sie oft enge Spalten passieren müssen.**

Achterbahn

Jeder kennt Achterbahnen – aber nicht jeder ist schon mitgefahren. Das liegt daran, dass so eine Fahrt wirklich furchteinflößend ist. Viele mögen aber genau diesen Nervenkitzel – je wilder die Fahrt, umso besser.

Zum Fürchten erdacht

Eine gute Achterbahn ist sicher, aber so konstruiert, dass du in Angst und Schrecken versetzt wirst. Der Wagen fährt auf einer Schiene, die du aber oft nicht sehen kannst, wodurch du den Eindruck hast zu fliegen. Plötzliche scharfe Kurven geben dir das Gefühl, hinausgeschleudert zu werden. Du wirst steil hinaufgezogen, nur um anschließend mit mörderischer Geschwindigkeit dem Abgrund entgegenzusausen – hinein in die nächste gemeine Drehung!

Angst-Faktor

Achterbahn-Fans reisen rund um die Welt, um die furchterregendste Fahrt zu erleben.

Bitte einsteigen!

In manchen Achterbahnen sitzt du mit baumelnden Beinen, in anderen fährst du aufrecht stehend (aber natürlich angeschnallt).

Diese Achterbahn bringt die Besucher in LaQua (Japan) zum Kreischen.

Bobsport

Schon beim normalen Schlittenfahren kann dir manchmal das Herz in die Hose rutschen. Und erst beim olympischen Bobsport, bei dem der Schlitten einen Eiskanal hinabschießt!

Los geht's!

Obwohl ein Bob auf bis zu 150 km/h beschleunigen kann, wird er nicht durch einen Motor angetrieben, sondern durch Gravitation und starkes Abstoßen. Das Bobteam rennt am Anfang neben dem Bob und schiebt ihn an, um dann hineinzuspringen. Wer vorne sitzt, steuert den Bob geschickt den möglichst schnellsten Weg durch die Kurven und verhindert Kollisionen mit den eisigen Wänden der Bahn.

Gruseliges Skelett

Eine noch beängstigendere Variante des Bobsports ist Skeleton, bei dem der Fahrer bäuchlings auf einem winzigen, an ein stählernes Skelett erinnernden Rennschlitten liegt und mit 140 km/h übers Eis schießt.

Angst-Faktor

Bei dieser Wintersportart kann man es mit der Angst zu tun kriegen.

Das deutsche Bobteam bei den Olympischen Winterspielen von 2008

Bungee-Jumping

Wenn du einen Bungeesprung machst, wird ein langes, elastisches Seil mit einem speziellen Gurtsystem an deinem Körper befestigt. Dann gehst du zum Rand des Abgrunds und ... springst! Nach einem Moment freien Falls spannt sich das Gummiseil, bremst dich ab und federt dich mehrfach hoch und wieder runter – trotz Anschnallsystem nichts für schwache Nerven.

Hops!
Bungee-Jumping ist die moderne Variante des »Lianenspringens«, einer Tradition im Inselstaat Vanuatu im Südpazifik. Dort springen junge Männer, um ihren Mut unter Beweis zu stellen, von 30 m hohen hölzernen Türmen, angebunden mit Lianenseilen, die sie vor dem Aufschlagen auf der Erde schützen. In den 1970er-Jahren probierten Extremsportler das Bungee-Jumping mit Gummiseilen erstmals in Bristol (Großbritannien) aus, wo sie von einer Brücke sprangen.

Eine mutige Bungeespringerin

Riesensprung

Einen der höchsten Bungeesprünge unternahm der Stuntman Dave Barlia 2001 von einem Hubschrauber in 3300 m Höhe aus.

Angst-Faktor

Freier Fall am Gummiseil ist gewiss nicht jedermanns Sache.

Klettern

Die Felsen, Klippen und Berge der Welt haben Menschen schon immer herausgefordert, sie zu erklimmen – um sie zu entdecken, der Aussicht wegen oder einfach nur aus Vergnügen.

Abgeseilt

Kletter:innen benutzen eine Sicherheitsausrüstung bestehend aus Gurten, Seilen und Karabinerhaken. Sie kann oben an einem Fels oder Baum befestigt sein oder aber beim Aufstieg jeweils im Fels verankert werden. Beim Klettern sichert eine zweite Person dich mit dem Seil ab. Solltest du abrutschen, kannst du nicht weit fallen. Diese Klettertechnik ist sicher, wenn sie gründlich und kundig angewendet wird. Manchmal kommen Kletterer aber nicht weiter, weil sie plötzlich Höhenangst bekommen.

Extremkletterer

Beim sogenannten Free-Soloklettern suchen einige Kletter:innen die ultimative Herausforderung darin, völlig ungesichert die schwierigsten Kletterrouten zu bewältigen. Da bekommst du schon als Zuschauer schwitzende Hände! Garantiert ist das nichts, was du jemals ausprobieren solltest.

Träum süß!

Manchmal dauern Klettertouren mehrere Tage. Dann übernachten die Kletterer in einem Schlafsack auf einem Felsvorsprung – natürlich gut festgebunden.

Kletterer in der Verdonschlucht (Frankreich)

Angst-Faktor

Von wunderbarem Abenteuer bis Todesangst ist alles drin.

Abseilen

Abseilen wird die Technik genannt, von einem hoch gelegenen Punkt mithilfe eines Seiles sicher auf den Boden zu kommen. Kletterer:innen benutzen sie oft für den Rückweg. Auch Fensterputzer und Bergarbeiter seilen sich manchmal ab.

So geht's

Beim Abseilen ist das Seil in spezieller Technik in Schlingen gelegt und geknotet, sodass du es durch deine Hände gleiten lassen und dabei deine Geschwindigkeit kontrollieren kannst. Meist wirst du von einer weiteren Person abgesichert.

Aller Anfang ist schwer

Der Start kostet am meisten Überwindung. Wenn dein Seil befestigt ist, musst du dich über den Abgrund rückwärts in die richtige Position fallen lassen. Wenn du dich an einer Felswand oder Klippe abseilst, kannst du deine Füße gegen die Wand halten und »runterhoppeln«. Dafür musst du dich mit beiden Füße immer gleichzeitig abstoßen, um dich nicht um dich selbst zu drehen.

Angst-Faktor

Furchterregend hoch, aber nicht wirklich schwierig – und schließlich geht's der Erde entgegen.

Dieser Kletterer seilt sich aus großer Höhe ab.

Vorsicht! Lange Haare müssen zusammengebunden werden, weil sie sich im Seil verfangen können.

Wildwasser-Rafting

Bei einer Rafting-Tour befährt man in einem Schlauchboot, das mehrere Personen fasst, einen reißenden Fluss oder Bach.

Angst-Faktor

Macht großen Spaß, ist aber nicht immer ungefährlich.

Wildes Wasser

Wildwasser ist fließendes Wasser, das schnell und schäumend über Untiefen, Felsen und Wasserfälle strömt. Eine Fahrt darauf ist rasant und holprig. Das macht Spaß, kann aber auch gefährlich werden, falls du hineinfällst und mitgerissen wirst.

Tolles Erlebnis

Rafting ist auf der ganzen Welt beliebt. Du kannst es ohne vorheriges Training mitmachen – viele probieren es während der Ferien aus. Meist sitzen 12 Leute entlang der Außenseiten des Schlauchboots. Alle tragen Helme und Rettungswesten und haben ein Paddel, um das Boot auf Kurs zu halten. Du schießt in lauter und rasender Fahrt über den schäumenden Fluss, über kleine Wasserfälle und wirst von der Gischt klatschnass gespritzt.

Diese Rafter kämpfen hart gegen die Strömung.

Kleines Bad gefällig?

Manchmal fallen einzelne Passagiere vom Boot oder das Boot kentert und alle landen im Wasser. Bleib ruhig und weiche Felsen aus. Oftmals sind Kajakfahrer zur Rettung vor Ort.

Stierlauf

Diese bizarre spanische Tradition ist nicht nur beängstigend, sie ist komplett irre. Warum sollte ein normaler Mensch freiwillig zwischen wild gewordenen, gefährlichen 600-Kilo-Stieren herlaufen? In Pamplona, einer Stadt in Spanien, geschieht dies aber jedes Jahr.

Die Ursprünge

Der Stierlauf in Pamplona findet jedes Jahr im Rahmen des Festes Sanfermines im Juli statt. Beim traditionellen Stierkampf kämpfen Stierkämpfer in einer speziellen Arena gegen Stiere. Um 8 Uhr morgens werden 6 Stiere und einige Ochsen durch die mit Holzbarrikaden abgesperrten Gassen der Altstadt zur Arena getrieben. Früher haben die Besitzer die Stiere vor sich hergetrieben, heute mischen sich junge Männer und Frauen dazwischen und versuchen, den rasenden Stieren auszuweichen, um ihren Mut zu beweisen.

Tierquälerei?

Viele Menschen halten Stierkämpfe für grausame Tierquälerei und würden sie gern verbieten. Aber in Spanien ist es eine alte Tradition.

Ist das gefährlich?

Definitiv! Die Stiere sind speziell wegen ihrer Größe und Wildheit ausgesucht worden und haben riesige, spitze Hörner. Seit 1923 starben beim Stierlauf 15 Menschen und viele wurden schwer verletzt.

Angst-Faktor

Du möchtest nicht wirklich einem wild gewordenen Stier begegnen!

Stiere und Stierläufer rasen über die staubigen Straßen.

Menschliche Kanonenkugel

Ist es wirklich möglich, einen Menschen wie eine Kugel aus einer Kanone abzuschießen? Unbedingt! Seit über 100 Jahren gibt es diese Zirkus- bzw. Stuntnummer schon.

Peng!
Mit einem lauten Knall und viel Pulverdampf schießt die menschliche Kanonenkugel Kopf voran in die Luft. Knall und Rauch sind aber nur Showeffekte, in Wirklichkeit wird der Artist durch eine starke Feder oder mit Druckluft aus der Röhre hinausgeschleudert – damit er sich nicht verbrennt. In 20 bis 37 m Entfernung landet er sicher in einem Netz oder einem Luftkissen.

Oh nein!!!!
Was für ein grässlicher Moment muss das sein, wenn du merkst, dass du dein sicheres Ziel verfehlen wirst. Das ist nicht wenigen Artisten schon passiert. Manche haben versucht, einen Fluss zu überfliegen – und sind mitten hineingeplatscht.

Sausende Zazel

Die erste menschliche Kanonenkugel war die 14-jährige Zazel, deren richtiger Name Rosa Richter war. 1877 wurde sie als Erste mit einer Feder aus einer Kanone geschossen.

Stuntman Dave »Cannonball« Smith schießt durch die Luft.

Angst-Faktor

Spaßig und spannend für die Zuschauer, aber möchtest du die Kanonenkugel sein?

Zorbing

Hast du jemals einen Hamster in einem durchsichtigen Hamster-Joggingball laufen gesehen? Ein Zorb ist so etwas für Menschen. Es gibt eine äußere Kugel und eine innere, in der du sitzt. Der Kugelzwischenraum ist mit Luft gefüllt, sodass du geschützt bist.

Und wie geht das?

Als Zorbonaut – so heißen die Insassen eines Zorbs – wirst du entweder im Inneren angeschnallt oder auch nicht. Dann rollst du in der Kugel einen Hügel hinab. Während die Kugel Fahrt annimmt, wirst du gegen die Außenwände geschleudert und herumgewirbelt – mit bis zu 50 km/h. Du bist zwar sicher, hast aber keinerlei Kontrolle über die Bewegungen.

So geht's auch

Du kannst auch in einem mit ein Paar Eimer Wasser gefüllten Zorb oder in einem undurchsichtigen Zorb in Dunkelheit hügelabwärts rollen. In Vergnügungsparks gibt es Zorbs, die von einem starken Gebläse in der Luft herumgewirbelt werden.

So schnell einen Hügel herunterzukugeln, kann dir durchaus auf den Magen schlagen.

Angst-Faktor

Eher spaßig als beängstigend, vorausgesetzt, dir wird nicht schlecht.

Sicherheitscheck

Beim Zorbing kommt es äußerst selten zu Unfällen – höchstens, wenn ein Netz oder Zorb defekt ist. Prüfe deshalb vorab gründlich das Material.

Big-Wave-Surfen

Das Surfen im Urlaub ist ein Riesenvergnügen. Je größer Wellen aber werden, umso furchterregender sind sie auch. In Hawaii, Kalifornien und Australien rollen manchmal Wellen von 20 m Höhe (= 8 Stockwerke hoch) Richtung Küste – und es gibt Menschen, die darauf wellenreiten.

Wie kann das gehen?

Normalerweise paddeln Surfer auf ihrem Surfboard dorthin, wo sich die Wellen brechen, und nehmen dann eine Welle mit. Riesenwellen (= Big waves) sind durch Paddeln auf einem normalen Board aber kaum zu erreichen. Deshalb benutzen Big-Wave-Surfer entweder längere Boards oder lassen sich von einem Jet-Ski zum richtigen Ort hinbringen. So können sie kleinere Boards benutzen, die geeigneter sind.

Monsterwellen

Große Wellen sind von unvorstellbarer Kraft. Sie können Boote zerschmettern. Solange ein Surfer auf der Oberfläche der Welle reitet, ist alles in Ordnung. Gerät er aber in die sich brechende Welle und wird unter Wasser gerissen, besteht große Gefahr, sich zu verletzen oder zu ertrinken. Bei einem Wipe Out genannten Surfunfall kann der Surfer von einer nachkommenden Welle unter Wasser gehalten werden oder gegen Felsen prallen.

Angst-Faktor

Einige Riesenwellen, auf denen gesurft wird, sind extrem beängstigend.

Hai-Alarm

Surfer gehören, was Hai-Angriffe betrifft, zur Risikogruppe, da sie aus der Hai-Perspektive von unten wie Robben aussehen, wenn sie auf ihren Boards paddeln.

Seilrutsche

Vielleicht hast du schon mal auf einem Spielplatz eine kleine Seilrutsche ausprobiert. Ein Sitz baumelt von einem Seil herab, du kannst damit unter dem Seil langsausen. Eine echte Seilrutsche funktioniert auch so, ist nur viel länger und höher!

Wofür Seilrutschen?

In Nationalparks und Wäldern werden sie für Touristen installiert, die damit durch die Natur sausen und einen herrlichen Blick genießen können. Auch Kletter und Filmemacher benutzen sie manchmal, um abgelegene Punkte zu erreichen.

Huiiiiii!

Einfache Seilrutschen funktionieren durch Erdanziehungskraft. Sie starten an einem hoch gelegenen Punkt, von dem aus eine Reihe Seilrutschen ganz nach unten führen. Auf einer sehr langen und steilen Rutsche kannst du bis zu 100 km/h schnell werden. Es gibt Rutschen, mit denen du über Klippen, Schluchten, Flüsse und sogar Vulkankrater (!!!) saust.

Besucher genießen den Blick ins Zentrum von Vancouver, Kanada.

Angst-Faktor

Es hängt vermutlich von der Höhe ab, ob du kreischst oder still genießt.

Tipp!

Seilrutschen werden immer beliebter und verbreiteter. Wenn du mal ausprobieren möchtest, wie das für dich ist, hast du große Chancen, eine Rutsche in deiner Nähe zu finden, z. B. in einem Kletterzentrum.

Hochseil

Artistische Vorführungen auf dem Hochseil gehören zu den klassischen Zirkusnummern. Der Seiltänzer balanciert über ein straff gespanntes Seil oder Kabel – manchmal nicht nur hoch oben in einem Zirkuszelt, sondern über Schluchten oder Wasserfälle!

Angst-Faktor

Das Publikum fürchtet ständig, der Artist könnte in die Tiefe stürzen.

Wie kann das gut gehen?

Das Balancieren auf einem dünnen Seil braucht jahrelanges Training. Die Artisten tragen weiche Schuhe, die ihnen besseren Halt und Gefühl für das Seil geben. Sie müssen nervenstark sein, denn Panik würde zu einem Sturz führen.

Berühmte Nummern

In den 1850er-Jahren sorgte der französische Artist Jean-François Gravelet mit seinen Überquerungen der Niagara-Wasserfälle auf dem Hochseil für Furore. Er balancierte auf spektakuläre Arten hinüber: mit einem anderen Mann huckepack, auf dem Fahrrad, auf Stelzen. Einmal bereitete er sogar unterwegs ein Omelett zu. Philippe Petit balancierte zwischen den Zwillingstürmen des ehemaligen World Trade Centers in New York.

Philippe Petit bei einem fantastischen Hochseilakt in Paris

Balanceakt

Eine Stange hilft beim Balancieren. Sie ist biegsam und hängt an beiden Enden ein wenig nach unten, wodurch es dem Artisten leichter fällt, das Gleichgewicht zu halten.

Trapez

Ein Trapez ist eine Stange, die an zwei Seilen aufgehängt ist. Klingt unspektakulär, und doch kann dir beim Zuschauen fast das Herz stehen bleiben, wenn Artisten zwischen zwei schwingenden Trapezen hoch durch die Luft fliegen oder nach einem Salto in letzter Sekunde von einem Mitartisten aufgefangen werden.

Trapeznummern

Bei Trapezkünstlern wirkt kinderleicht, was in Wirklichkeit harte Arbeit ist. Jahrelanges Training ist nötig, bis ein Artist einen dreifachen Salto schafft, bevor er aufgefangen wird oder sich mit einem Bein ans Trapez hängen kann.

Statisches Trapez

Es gibt neben dem schwingenden Trapez noch das statische, also feste. Klingt langweilig? Nicht, wenn es zum Beispiel von einem Hubschrauber hinabhängt oder über einer Klippe hängt. Hunderte von Metern hoch in der Luft, haben tollkühne Artisten auf solchen statischen Trapezen ihre Künste vorgeführt.

Kann ich das?

Möchtest du Trapezartistik einmal ausprobieren? Versuche doch mal, ein Seil in niedriger Höhe zwischen zwei Bäumen zu spannen und darauf zu balancieren.

Trapezunterricht am Whistler Mountain in Kanada

Angst-Faktor

Darauf zu vertrauen, dass dich dein Partner auffängt, erfordert Mut.

Freestyle Motocross

Der Fahrer startet sein Motorrad und rast röhrend und schnurgerade auf eine riesige Rampe zu. Das Motorrad schießt die Rampe hoch und hebt ab. Wird er sicher wieder unten landen?

Motorrad-Akrobatik hoch in der Luft

Und Absprung!

Für Sprünge mit dem Motorrad braucht man Mut, Talent, Erfahrung und ein geeignetes Bike. Der Fahrer muss korrekt von der ersten Rampe abheben und sicher auf der zweiten landen. In der Luft muss er das Motorrad im Gleichgewicht halten und darf nicht die Nerven verlieren: Wenn er einmal gesprungen ist, gibt es kein Zurück.

Höllenfahrten

2010 übersprang der Australier Robbie »Maddo« Maddison den Kanal von Korinth (Griechenland), der zwischen zwei Klippen hindurchführt, in 95 m Höhe über dem Wasser. Auch einen Rückwärtssalto über die Tower Bridge in London schaffte er.

Angst-Faktor

Die meisten Motorrad-Akrobaten wissen genau, was sie tun.

Unfallgefahr

So ein Sprung kann schiefgehen, wenn der Fahrer nicht schnell genug ist oder in der Luft die Kontrolle verliert. Obwohl die Fahrer Helme und sehr viele Protektoren tragen, können Stürze fatal enden.

Schwertschlucken

Schwertschlucken sieht aus wie ein Trick – vielleicht benutzt der Schwertschlucker ein Schwert, das sich zusammendrücken lässt, oder verbirgt das Schwert irgendwo, statt es zu schlucken? Keinesfalls! Schwertschlucker »verschlucken« das Schwert tatsächlich, nur wie?

Angst-Faktor

Überlass es den Profis, dann brauchst du keine Angst zu haben.

Mund weit auf!
Wenn er ein Schwert verschluckt, führt es der Künstler durch Mund und Hals in die Speiseröhre und manchmal sogar bis in den Magen ein. Das ist normalerweise ein enger, gewundener Weg. Der Schwertschlucker legt den Kopf weit in den Nacken und entspannt seine Schluckmuskulatur, um den Weg zu öffnen.

Nur für Könner!
Schwertschlucken ist gefährlich. Du kannst dir übel den Hals verletzen und die Speiseröhre durchbohren.

Lass das bleiben!

Mehrere Schwerter?

Schwertschlucker wetteifern darum, wer die meisten Schwerter auf einmal verschluckt. Sind sie sehr dünn, können es bis zu 16 sein. Kaum zu glauben, oder?

Stunt-Stürze

Als ob der Fall nicht gefährlich genug wäre, müssen Stunt-Leute oft noch durch Scheiben stürzen oder springen, nachdem sie in Brand gesetzt wurden.

Ein brennender Stuntman springt auf das unten wartende Luftkissen.

Fallen sie wirklich?

Nicht immer. Für manche Stürze werden Stuntmen oder -women an ein dünnes, starkes Kabel geschnallt und rasend schnell runtergelassen. Oder sie hängen an einem elastischen Seil, das sie kurz vor dem Aufprall wieder nach oben schnellen lässt. Im Filmmaterial wird das Seil dann wegretuschiert, damit der Fall echt wirkt.

Freier Fall

Sich von Höhen bis zu 60 m hinunterfallen zu lassen, erfordert sehr viel Mut. Dabei müssen die Stunt-Leute sicher auf dem Rücken landen und sich genau auf eine vorbereitete Landefläche fallen lassen. Die kann aus einem Haufen präparierter Pappkartons, die beim Aufprall zusammenfallen, oder einer speziellen aufblasbaren Lufttasche bestehen.

Angst-Faktor

Ein gut gemachter Stunt sieht echt und gefährlich aus.

Kein Hüpfkissen!

Einen Airbag für Stunts darfst du dir nicht wie eine Hüpfburg vorstellen. Er hat Öffnungen, aus denen die Luft langsam entweicht.

Sturmjagd

Sturmjagd ist genau das, wonach es klingt: Ein Sturmjäger versucht, möglichst nah an Stürme heranzukommen, um eine gute Beobachtungsposition zu haben. Er spürt Stürme und Gewitter auf, am liebsten Tornados, das sind gewaltige Wirbelstürme mit großer Zerstörungskraft: furchteinflößend – und gefährlich, kommt man ihnen zu nahe.

Wozu?

Es gibt die unterschiedlichsten Sturmjäger mit jeweils verschiedenen Motiven. Meteorologen, also Wetterkundler, möchten Stürme aus der Nähe erforschen, Journalisten wollen über sie berichten, aber es gibt auch viele Menschen, die Sturmjagd als Hobby betreiben.

Gruselig!

Um sehenswerte Stürme zu finden, verfolgen Sturmjäger genau die Wetterlage und fahren dorthin, wo ein Unwetter erwartet wird. Dort halten sie Ausschau nach den typischen Anzeichen eines Tornados. Da ein Tornado blitzschnell den Ort wechseln kann, müssen sie gut aufpassen.

Schon gewusst?

Das Risiko, von einem Tornado erfasst zu werden, macht Sturmjagd beängstigend. Tatsächlich gefährlicher ist, dass Sturmjäger zu schnell und unvorsichtig fahren.

Angst-Faktor

Mit etwas Glück können Sturmjäger einen Tornado aus der Nähe sehen.

Diese Sturmjäger in Kansas (USA) sind einem Superzellengewitter, das einen Tornado auslösen kann, gefährlich nah.

Bildnachweis

Abkürzungen: o = oben, u = unten, l = links, r = rechts, M = Mitte, Hgr = Hintergrund

Umschlag: @stock.adobe.com: Fox_Dsign; jeep5d; jetn; John Martin; Ms VectorPlus; Ronny sefria; Tino; VIAR PRO studio; zuckerman

Inhalt: 1 Shutterstock/Chudakov; 2–3 Corbis/LA Daily News/Gene Blevins; 4–5 Alamy/Art Directors & TRIP; 6–7 Shutterstock/Christope Michot; 8 Science Photo Library/NOAA; 9 Nature Picture Library/Martin Dohrn; 10 Nature Picture Library/Jeff Rotman; 11 Ardea/Thomas Marent; 12 Ardea/John Daniels; 13 Nature Picture Library/Daniel Heuclin; 14 Photo Library/Tim Scoones; 15 Corbis/Roger Ressmeyer; 16 Alamy/Westend61 GmbH; 17 Alamy/Peter Arnold, Inc.;18o Corbis/Paul Souders; 18u Corbis; 19 The Kobal Collection/Warner Bros; 20 Reuters/Stringer Australia; 21 Corbis/Galen Rowell; 22 Alamy/Graham Hughes; 23 Corbis/Andrew Brownbill; 24 Corbis/Arctic-Images; 25 Corbis/Mike Hollingshead; 26 Shutterstock/Melanie Metz; 27 Shutterstock/Sybille Yates; 28 Alamy/Theirry Grun; 29 Public Domain/Tuohirulla; 30 Alamy/Mike Goldwater; 31 Getty/Oliver Furrer; 32 Shutterstock/Molodec; 33 Science Photo Library/Daniel L. Osborne; 34o Science Photo Library/Jim Reed; 34M Science Photo Library/Jim Edds; 35 Alamy/Andrew McConnell; 36 Shutterstock/StijntS; 37 Photolibrary/Cahir Davitt; 38 Alamy/MARKA; 39 Getty/Keren Su; 40 Shutterstock/Ttphoto; 41 Alamy/Damon Coulter; 42 Corbis/Keystone/Arno Balzarini; 43 Corbis/Jonathan Blair; 44 Jeffrey Kwan; 45Hgr Alamy/Paul Thompson; 45M Corbis/Imaginechina; 46Hgr and 46M Corbis/National Geographic Society/John Burcham; 47Hgr Alamy/Collpicto; 47u Corbis/Paul A. Souders; 48 Shutterstock/Natalia Bratslavsky; 49 Corbis/Eddi Boehnke; 50 Alamy/Tim Whitby; 51 Alamy/Edward North; 52 Alamy/Steve Hamblin; 53 Topfoto; 54 Corbis/Patrick Ward; 55 Alamy/The Marsden Archive; 56 Alamy/The Marsden Archive; 57 Corbis/Jean-Pierre Lescourret; 58 Corbis/Jonathan Blail; 59 Alamy/Gary Doak; 60 Shutterstock/Janos Levente; 61 Shutterstock/Margaret M Stewart; 62 Corbis/Antonino Barbagallo; 63 Shutterstock/Russell Swain; 64 Alamy/Christian Darkin; 65 Alamy/Dale O'Dell; 66 Alamy/Jan Tadeusz; 67 Alamy/Steve Bielschowsky; 68 Shutterstock/Ioriklaszlo; 69 Science Photo Library/Victor Habbick Visions; 70 Fortean Picture Library/Ella Louise Fortune; 71 Shutterstock/Markus Gann; 72 Getty/Thinkstock; 73 Alamy/Gaertner; 74 Science Picture Library/J.G. Golden; 75 Alamy/Robert Harding Picture Library Ltd; 76 Science Photo Library/NASA; 77 NASA/CXC/M.Weiss; 78 Science Photo Library/3D4Medical.com; 79 Science Photo Library/Eye of Science; 80 Science Photo Library/Tim Vernon; 81 Corbis/Thomas Roepke; 82 Alamy/Peter M. Wilson; 83 Shutterstock/Terrance Emerson; 84 Alamy/Rex; 85 Reuters/Marko Djurica; 86 Getty/Ken Fisher; 87 Getty/Oliver Furrer; 88 Shutterstock/Vitalii Nesterchuk; 89 Getty/William R Sallaz; 90 Alamy/RIA Novosti; 91 Alamy/Travelscape Images; 92 Corbis/Dusko Despotovic; 93 Alamy/blickwinkel; 94 Getty/Stephen Alvarez; 95 Alamy/Jeremy Sutton-Hibbert; 96 Corbis/Rolf Kosecki; 97 Corbis/Mike Powell; 98 Corbis/Aurora Photos/Keith Ladzinski; 99 Corbis/Thilo Brunner; 100 Corbis/David Madison; 101 Corbis/EPA/Jim Hollander; 102 Alamy/Agripicture Images; 103 Shutterstock/Chris Turner; 104 Getty/Rick Hyman; 105 Corbis/EPA/Kim Ludbrook; 106 Corbis/Sygma/Patrick Durand; 107 Alamy/WorldFoto; 108 Alamy/Chris McLennan; 109 Shutterstock/Antonio Petrone; 110 Alamy/celebrity; 111 Corbis/Jim Reed.

Es wurde jede Anstrengung unternommen, die Bildnachweise korrekt zu erstellen und die Copyright-Inhaber aller Bilder zu ermitteln. Der Originalverlag entschuldigt sich für alle unvollständiger Angaben und wird gegebenenfalls Korrekturen in zukünftigen Ausgaben vornehmen.